D1868463

DIE NEUEN TIECK-BÜCHER

Das Glück im Anderswo

Über das Reisen

DIE NEUEN TIECK-BÜCHER
LANGEN-MÜLLER

Herausgegeben von Jost Perfahl

© 1991 by Langen Müller in der F. A. Herbig
Verlagsbuchhandlung GmbH, München
Alle Rechte vorbehalten
Umschlaggestaltung: Christel Aumann
unter Verwendung des Gemäldes
»Postkutsche in St. Alban«
von C. A. Fetsch
(Archiv für Kunst und Geschichte, Berlin)
Satz: SatzStudio Pfeifer, Gräfelfing
Gesetzt aus 10/12 Pkt. Walbaum Lino
Druck: Jos. C. Huber KG, Dießen
Bindung: Thomas Buchbinderei, Augsburg
Printed in Germany
ISBN: 3-7844-2327-2

Gedanken zum Reisen

Der Jüngling des Märchens zieht aus, sein Glück zu machen. Und wir, haben wir nicht bei jeder Abreise in irgendeinem Winkelchen unseres Innern den glückseligen Torenglauben, es müßten dieses Mal spanische Schlösser und böhmische Dörfer sich uns auftun und endlich, endlich müßten wir an den Punkt gelangen, da in goldenen Schüsselchen die Füße des Regenbogens auf der Erde stehen und versunkene Schätze anzeigen?

Werner Bergengruen

Friedrich Nietzsche

Reisende und ihre Grade

Unter den Reisenden unterscheide man nach fünf Graden: die des ersten, niedrigsten Grades sind solche, welche reisen und dabei gesehen *werden* – sie werden eigentlich gereist und sind gleichsam blind; die nächsten sehen wirklich selber in die Welt; die dritten erleben etwas infolge des Sehens; die vierten leben das Erlebte in sich hinein und tragen es mit sich fort; endlich gibt es einige Menschen der höchsten Kraft, welche alles Gesehene, nachdem es erlebt und eingelebt worden ist, endlich auch notwendig wieder aus sich herausleben müssen, in Handlungen und Werken, sobald sie nach Hause zurückgekehrt sind. – Diesen fünf Gattungen von Reisenden gleich gehen überhaupt alle Menschen durch die ganze Wanderschaft des Lebens, die niedrigsten als reine Passiva, die höchsten als die Handelnden und Auslebenden ohne allen Rest zurückbleibender innerer Vorgänge.

Ludwig Tieck

Das Reisen ist etwas Treffliches, diese Freiheit der Natur, diese Regsamkeit der Kreaturen, der reine, weite Himmel und der Menschengeist, der alles dies zusammenfassen und in einen Gedanken zusammenstellen kann –, o glücklich ist der, der bald die enge Heimat verläßt, um wie der Vogel seinen Fittich zu prüfen und sich auf unbekannten, noch schöneren Zweigen zu schaukeln. Welche Welten entwickeln sich im Gemüte, wenn die freie Natur umher mit kühner Sprache in uns hineinredet, wenn jeder ihrer Töne unser Herz trifft und alle Empfindungen zugleich anrührt.

Arthur Schopenhauer

Auf Reisen, wo das Merkwürdige jeder Art sich drängt, ist die Geistesnahrung von außen allerdings oft so stark, daß Zeit zur Verdauung fehlt. Man bedauert, daß die schnell vorübergehenden Eindrücke keine dauernde

Spur hinterlassen können. Im Grunde aber ist es damit wie mit dem Lesen: wie oft bedauert man nicht, von dem was man liest kaum ein Tausendstel im Gedächtnis aufbehalten zu können; aber das Tröstliche in beiden Fällen ist, daß das Gesehene wie das Gelesene seinen Eindruck auf den Geist macht, ehe es vergessen wird, so den Geist bildet und eigentlich ihm zur Nahrung wird.

Heinrich Heine

Der Reisebegleiter

Solange er neben mir ging, war gleichsam die ganze Natur entzaubert, sobald er aber fort war, fingen die Bäume wieder an zu sprechen und die Sonnenstrahlen erklangen und die Wiesenblümchen tanzten und der blaue Himmel umarmte die grüne Erde.

Johann Gottfried Seume

Wer geht, sieht im Durchschnitt anthropologisch und kosmisch mehr als wer fährt ... So wie man im Wagen sitzt, hat man sich sogleich einige Grade von der ursprünglichen Humanität entfernt. Man kann niemand mehr fest und rein ins Angesicht sehen, wie man soll.

Johann Wolfgang von Goethe

Wenn einer zu Fuß, ohne recht zu wissen, warum und wohin, in die Welt lief, so hieß dies eine Geniereise.

Reinhold Messner

Gehen im Unerschlossenen

Dort, wo wir den Weg selbst suchen müssen, uns Schritt für Schritt hineintasten in jene Unbekannte, die dabei das Unbekannte in uns selbst aufschlüsselt, bleibt der »Weltgeist« am Leben.

A. E. Johann

Es sind nicht nur die fremden Weine und die fernen Straßen, die den dafür Empfänglichen aus der vertrauten Heimat fortlocken; es kommt noch etwas Weiteres hinzu, das schwerer in Worte zu fassen, noch schwerer zu erklären ist: man will einfach unterwegs sein, nirgendwo zu Hause, nicht mehr und nicht wieder seßhaft – ohne genaues Ziel, sogar ohne Plan.

Jean Paul

Nur Reisen ist Leben, wie umgekehrt das Leben Reisen ist!

Friedrich Rückert

Man reist, damit es uns zu Haus erst recht gefalle,
Und wer durch's Leben reist, der ist in gleichem Falle.

Nur, daß der Reisende hier nicht die Heimat kennt!
Und nur am Heimweg fühlt, er ist von ihr getrennt!
Gereist zu sein, wie wird dich's in der Heimat laben,
Und einst, wie lieblich wird es sein, gelebt zu haben.

Heinrich von Kleist

Ein Reisender, der das Ziel seiner Reise und den Weg zu seinem Ziele kennt, hat einen Reiseplan. Was der Reiseplan dem Reisenden ist, das ist der Lebensplan dem Menschen. Ohne Reiseplan sich auf die Reise begeben heißt erwarten, daß der Zufall uns an das Ziel führe, das wir selbst nicht kennen. Ohne Lebensplan leben, heißt vom Zufall erwarten, ob er uns so glücklich machen werde, wie wir es selbst nicht begreifen.

Justus Lipsius (1547-1606)

Niedrige und spießbürgerliche Geister bleiben im Lande und sitzen da fest, höher steht jener Geist, der den Himmel nachahmt und die Bewegung liebt. In früheren Zeiten und auch heute waren fast immer gereiste Männer auch bedeutende Männer.

Johann Wolfgang von Goethe

Die Reise gleicht einem Spiel, es ist immer Gewinn und Verlust dabei, und meist von der unerwarteten Seite, man empfängt mehr oder weniger als man hofft, man kann ungestraft eine Weile hinschlendern, und dann ist man wieder genötigt, sich einen Augenblick zusammenzunehmen. Für Naturen wie die meine, die sich gern festsetzen und die Dinge festhalten, ist eine Reise unschätzbar: sie belebt, berichtigt, belehrt und bildet.

Reinhold Messner

Von einer Idee besessen

Die Hälfte meines Lebens ist vorüber, und ich fordere mich immer noch. Ich frage mich allerdings nicht mehr, warum. Erst, wenn ich von einer Idee besessen bin, breche ich auf. Sie muß mich sprengen, tragen, fordern. Mich interessiert dann weder Gewinn noch Verlust, die Neugierde ist mein Treibstoff. Die Leistungsgrenze wird nicht gesucht, sondern erreicht. Bis hierher und nicht weiter! Ich frage mich dabei auch nicht, ob es sich wieder lohnt, sich bis zur Grenze einzusetzen, sich so zu engagieren. Ich tue es. Dabei all die Hoffnung und Verzweiflung zu spüren, deren ein Mensch fähig ist, die Angst auch, Kraft und Schwäche, hilft vielleicht ein bißchen, dein Menschsein zu relativieren, deine Persönlichkeit zu entwickeln.

A. E. Johann

... nur von dem Wunsch besessen, morgen woanders zu sein als heute, immer weit weg von dem Ort, an dem ich mich befinde, wobei es gar nicht darauf ankommt, ob der morgige Ort, dessen Namen ich noch gar nicht weiß, besser sein wird oder schöner oder erregender als mein heutiger. Nein, zu fahren, zu fahren, um woanders hinzukommen, das ist es, worauf es ankommt; auf die Lust nämlich, unterwegs zu sein, und morgen von neuem unterwegs!

Hans Christian Andersen

Gute Reise!

O reisen, reisen! Das ist doch das glücklichste Los! Und daher reisen wir auch alle. Alles in dem ganzen Universum reist! Selbst der ärmste Mann ist im Besitz des beflügelten Pferdes der Gedanken, und wird dies schwach und alt, dann nimmt ihn doch der Tod mit auf die Reise, die große Reise, die wir alle machen.

Die Wellen rollen von Küste zu Küste, die Wolken segeln an dem großen Himmel dahin, und der Vogel fliegt weit über Felder und Auen. Wir reisen alle, selbst die Toten in ihren stillen Gräbern fliegen mit der Erde rund um die Sonne. Ja, »Reisen« ist eine fixe Idee in dem ganzen Universum, aber wir Menschen sind Kinder, wir wollen auch noch »Reisen« spielen während unserer und aller Dinge großer natürlicher Reise.

Reiseewinke

Wer reisen will, der muß zunächst Liebe zu Land und Leuten mitbringen, mindestens keine Voreingenommenheit. Er muß den guten Willen haben, das Gute zu finden, anstatt es durch kritische Vergleiche tot zu machen.

Theodor Fontane

Wilhelm Heinrich Riehl
(1823 – 1897)

Erst wenn wir auf der Karte völlig eingebürgert, sind wir reif, den fremden Boden mit Erfolg zu betreten, erst wenn wir das ganze Land, wie vom Berge herab, bereits im Geiste vorgeschaut, sollen wir es durchwandern. Es bietet dann unerschöpflichen Reiz und Gewinn, den Anblick der wirklichen Landesart mit jenem aus dem Studium geschöpften Bilde zu vergleichen, welches wir im Kopfe mitbringen. Mit gut studierter Karte ungefragt seinen Weg zu finden, ist dann freilich wieder eine besondere Kunst, für welche einer angeborenen Ortssinn besitzen und die er täglich lernen und üben muß...
Die vorbereitende Literatur darf nur im Kopfe mitgetragen werden, sonst schadet sie mehr, als sie nützt...

Immanuel Kant

Das Reisen bildet sehr; es entwöhnt von allen Vorurteilen des Volkes, des Glaubens, der Politik, der Familie, der Erziehung. Es gibt den humanen duldsamen Sinn, den allgemeinen Charakter, der uns an den die Welt in Gedanken und Wirklichkeit am meisten durchstreifenden Franzosen so wohl gefällt. Wer dagegen nichts sah, als was ihn in der Sphäre, worin er lebt, umgibt, hält leicht alles für notwendig und einzig in der Welt, weil es in seiner Heimat dafür gilt.

Nikolai Michailowitsch Karamsin

Wie angenehm und erfreulich ist es, meine Freunde, von einem Land ins andere zu reisen, neue Gegenstände zu sehen, durch die unser Geist sozusagen ein neues Leben bekommt, und die unschätzbare Freiheit des Menschen zu fühlen, die ihn in der Tat des Namens »Herr der Schöpfung« würdig macht ... Mit einem Wort, meine Freunde, das Reisen nährt Geist und Herz. Der Hypochonder reise, um seine Hypochondrie zu vergessen! Der Misanthrop reise, um die Menschen liebzugewinnen! Es reise alles, was reisen kann!

Friedrich Theodor Vischer

Wandern, wandern, seiner Rüstigkeit froh, Diogenes mit federleichtem Gepäck, schauen, träumen, viel denken und nichts denken, bei Sennen einkehren, im ländlichen Wirtshaus übernachten, wo es noch einen Hausknecht gibt, der mit der Innigkeit edler Leidenschaft die Stiefel wichst, in dessen Gesicht nicht jeder Zug Trinkgeld heißt – freundlich plaudern mit Landvolk, mit Haustieren, schlafen wie ein Sack, in Morgenfrühe weiter, von Lerche, Fink, Amsel begrüßt – kurz, man lebt.

Rodolphe Toepffer

Philosophen, Christen und Gelehrte predigen bei hundert Gelegenheiten, daß hienieden kein Mensch auch nur einen Augenblick eines vollkommenen Glücks teilhaftig werde. Vor meinem Gewissen und vor Gott, der die Wahrheit sieht, erkläre ich, daß für mich wenigstens diese Behauptung nicht zutrifft. Ich kann es aussprechen, daß ich nicht Augenblicke, nicht Stunden, sondern ganze Tage reinsten Glücks gekannt habe. Und solche Augenblicke, Stunden und Tage habe ich auf der Reise, in den Bergen genossen, meist einen schweren Rucksack auf dem Rücken.

René Descartes

Es ist gut, wenn man etwas von den Sitten der verschiedenen Völker weiß, um über die unsrigen gesunder zu urteilen und nicht zu denken, daß alles, was unseren Sitten nicht entspricht, lächerlich und widervernünftig ist, wie es für gewöhnlich die tun, die nichts gesehen haben. Verwendet man aber auf das Reisen zuviel Zeit, so wird man schließlich in seinem eigenen Lande fremd, und, ist man allzu begierig, die Dinge zu erfahren, die in den früheren Jahrhunderten geschehen sind, so bleibt man gewöhnlich recht unwissend in dem, was in unserem Zeitalter geschieht.

Adalbert Stifter

Ich bin durch das Meer und durch die Eindrücke eines fremden Volkes noch einmal so reich geworden, als ich es bisher war. Aber gerade dieser Anfang zeigte mir, wie arm ich noch bin. Fremde Landschaften und Menschen erweitern den Blick und machen die Kunst großartiger und allgemeiner. Selbst den »Nachsommer«, so deutsch er ist, hätte ich anders gemacht, wenn ich ihn nach dieser Reise geschrieben hätte. Auch meine Gattin schwamm in einem Entzücken, das ich früher nie an ihr gekannt hatte. Da wir in der Gegend von Duino das Meer verließen, war der Eindruck fast niederschlagend, und die Gegend des Karst sah uns an wie Fließpapier. Und doch ist die Öde des Karst auch merkwürdig, und sein Bild haftet in meiner Seele ... Über eine Woche nach meiner Rückkehr war ich wie trunken, und konnte nichts Dichterisches arbeiten.

Jacob Burckhardt

Für Ihre gottlosen Ansichten, daß das Reisen verflache und daß das Wiedersehen des Bekannten keine wesentlich neuen Eindrücke erzeuge, weissage ich Ihnen eine recht schwere Strafe:
Wenn Sie wieder hier sind und die Messe einläutet und Regen und die ersten Schneeflokken fallen, dann wird bittere Sehnsucht nach den verschmähten Eindrücken von Italien über Sie kommen. Dann wird es heißen: Könnte ich doch nur das und das Altarbild dritten Ranges und entlehnter Kunst aus der Pinacoteca Municipale in Nest so und so einen Augenblick wiedersehen! Oder das Marmorgrab eines vermutlichen Schülers, eines solchen, welcher einst Donatello gekannt haben könnte!

Ephraim Kishon

Vergiß niemals, daß du kein Mensch bist, sondern ein Tourist. Laß dich von scheinbaren Gegenbeweisen nicht narren. Die Höflichkeit der Eingeborenen gilt deiner Brieftasche, nicht dir. Du bist für sie nichts als eine Quelle rascher, müheloser Einnahmen. Dich persönlich können sie nicht ausstehen, um so weniger, je besser du ihre Sprache sprichst. Dann werden sie mißtrauisch und fürchten, daß du ihnen auf ihre Schliche kommst ... Und noch etwas: nimm nie ein Flugzeug. Schiff und Eisenbahn bewahren dich vor dem schlimmsten Alpdruck, der dem Reisenden droht. Ich meine jene verhängnisvolle Minute, wenn sämtliche Gepäckstücke sämtlicher Reisenden in Reih und Glied zur Zollabfertigung bereitstehen, nur deines nicht, und wenn du auf deine immer verzweifelteren Anfragen immer unwirschere Antworten bekommst: »Keine Gepäckstücke mehr da ... nein, kein einziger Koffer ... das wissen wir nicht.« Schließlich taucht aus dem Hintergrund ein freudestrahlender Träger auf und läßt dich wissen, daß deine Koffer irrtümlich nach Kairo gegangen sind. Das meine ich. Fahr mit dem Schiff nach Europa, mein Sohn, dann hast du noch ein paar friedliche

Tage, bevor die wahre Qual des Reisens beginnt...

Johann Wolfgang von Goethe

Aus dem Tagebuch der Italienischen Reise

25. September. Abends 22, nach unsrer Uhr 5. Jeder denkt doch eigentlich für sein Geld auf der Reise zu genießen. Er erwartet alle die Gegenstände, von denen er so vieles hat reden hören, nicht zu finden, wie der Himmel und die Umstände wollen, sondern so rein, wie sie in seiner Imagination stehen, und fast nichts findet er so, fast nichts kann er so genießen. Hier ist was zerstört, hier was angekleckt, hier stinkts, hier rauchts, hier ist Schmutz pp., so in den Wirtshäusern, mit den Menschen pp.
Der Genuß auf einer Reise ist, wenn man ihn rein haben will, ein abstrakter Genuß, ich muß die Unbequemlichkeiten, Widerwärtigkeiten, das was mit mir nicht stimmt, was ich nicht erwarte, alles muß ich beiseite bringen, in dem Kunstwerk nur den Gedanken des Künstlers, die erste Ausführung, das Leben

der ersten Zeit, da das Werk entstand, heraussuchen und es wieder rein in meine Seele bringen, abgeschieden von allem, was die Zeit, der alles unterworfen ist, und der Wechsel der Dinge darauf gewirkt haben. Dann hab ich einen reinen bleibenden Genuß und um dessentwillen bin ich gereist, nicht um des augenblicklichen Wohlseins oder Spaßes willen. Mit der Betrachtung und dem Genuß der Natur ists eben das. Triffts dann aber auch einmal zusammen, daß alles paßt, dann ists ein großes Geschenk, ich habe solche Augenblicke gehabt.

Wilhelm Heinse

Reisen, die Erde und ihre Geschöpfe kennenlernen, ist die natürliche Bestimmung des Menschen.

Christoph Wilhelm Hufeland

Die fortgesetzte Bewegung, die Veränderung der Gegenstände, die damit verbundene Aufheiterung des Gemüts, der Genuß einer freien, immer veränderten Luft wirken zauberisch auf den Menschen und vermögen unglaublich viel zur Erneuerung und Verjüngung des Lebens. Es ist wahr, die Lebenskonsumtion kann dabei etwas vermehrt werden, aber dieses wird reichlich durch die vermehrte Restauration ersetzt, die teils in Absicht des Körperlichen durch die ermunterte und gestärkte Verdauung, teils geistig durch den Wechsel angenehmer Eindrücke und die Vergessenheit seiner selbst bewirkt wird. Denen vorzüglich, welche ihr Beruf zum Sitzen nötigt, die anhaltend mit abstrakten Gegenständen oder drückender Berufsarbeit beschäftigt sind, deren Gemüt in Gefühllosigkeit, Trübsinn oder hypochondrische Verstimmung versunken ist, oder denen, was wohl das schlimmste von allen ist, keine häusliche Glückseligkeit zuteil wurde – diesen empfehle ich dieses große Hilfsmittel.

Adolf Freiherr von Knigge

Man verlasse sich nicht auf die Bauern, wenn sie uns Fußwege anzeigen, die näher als die gewöhnlichen sein sollen. So wie überhaupt diese Menschen voll Vorurteilen und voll Anhänglichkeit an alte Gewohnheiten sind, so gehen sie auch immer die Wege, die vom Vater auf den Sohn herab als die nächsten anerkannt worden sind, ohne daß sie Augenmaß und Überlegung gebrauchen, um die Irrtümer ihrer Voreltern zu berichtigen.

Aus: »Donauführer«, 1818

Das Reisen an sich ist immer eine herrliche Sache. Es stärkt unsern Körper, heitert unsern Geist auf, erweitert unsere Kenntnisse; man wird mit neuen Gegenden, mit andern Menschen, Sitten und Gebräuchen bekannt; freundschaftliche Verbindungen werden geknüpft, alte wieder erneuert, die Geschäfte schneller und leichter abgetan, und zufrieden und gleichsam verjüngt kehrt man nach einiger Zeit in den Schoß der Seinigen wieder zurück. Wer daher in der glücklichen Lage ist, reisen zu dürfen und zu können, würde wohl töricht handeln, wenn er nicht eine günstige Jahreszeit benutzen, sein Zimmer verlassen und die Annehmlichkeiten des menschlichen Lebens noch mehr genießen wollte.

Karl Julius Weber

Wahrlich, es verlohnt sich der Mühe, unsere Welt zu sehen, ehe man sie verlassen und auf einem anderen Stern wieder vorne anfangen muß...

Durch Reisen erhält man sich immer neu und jung, alle Reisebeschwerden sind für Leib und Seele, was Krankheit oder einige Stunden Angst sind – man ist nachher wie neugeboren...

Reisen sind das beste Palliativ gegen alle Leiden des Kopfes und Herzens, die wir entweder selbst verschuldet, oder elende Menschen, Verleumder und Schurken uns zugezogen haben...

Nichts heilet besser von unglücklicher Liebe, und der schlechteste Reisekarren ist ein wahrer Elias-Wagen.

Adolf Freiherr von Knigge

Das Fußgehen ist gewiß die angenehmste Art zu reisen. Man genießt die Schönheiten der Natur; man kann sich unerkannt unter allerlei Leute mischen, beobachten, was man außerdem nicht erfahren würde; man ist ungebunden, kann das freundlichste Wetter und den schönsten Weg wählen; sich aufhalten, einkehren, wann und wo man will; man stärkt den Körper; wird weniger erhitzt und gerüttelt; hat Appetit, hat Schlaf und ist, wenn Müdigkeit und Hunger der Bewirtung das Wort reden, leicht mit jeder Kost und jedem Lager zufrieden. Ich bin auf diese Weise einige Kreise von Deutschland verschiedene Male durchwandert und habe unter anderem auf solche Art die erste genauere Bekanntschaft mit dem Paradiese von Deutschland, mit der schönen Pfalz gemacht.

Friedrich Nietzsche

Menschen, welche sehr viel innerhalb eines bestimmten Berufes arbeiten, behalten ihre allgemeinen Ansichten über die Dinge der Welt fast unverändert bei: diese werden in ihren Köpfen immer härter, immer tyrannischer. Deshalb sind jene Zeiten, in welchen der Mensch genötigt ist seine Arbeit zu verlassen, so wichtig, weil da erst neue Begriffe und Empfindungen sich wieder einmal herandrängen dürfen und seine Kraft nicht schon durch die täglichen Ansprüche von Pflicht und Gewohnheit verbraucht ist. Wir modernen Menschen müssen alle viel unserer geistigen Gesundheit wegen reisen: und man wird immer mehr reisen, je mehr gearbeitet wird. An den Reisenden haben sich also die zu wenden, welche an der Veränderung der allgemeinen Ansichten arbeiten.

Begegnung mit dem Wunderbaren

Auf Reisen zu gehen, je weiter und ungewöhnlicher, desto besser! Einmal dazustehen und zu flüstern: Dies ist unbeschreiblich schön, ein Wunder wahrhaft! Oder auch: Dies ist unbeschreiblich großartig oder fremd und sonderbar; es macht mich erschauern, es weckt eine Urangst in mir, die mir die Fragwürdigkeit meines Daseins bewußt macht, wie es nie zuvor geschehen ist. Auch dies ist ein Wunder; vielleicht verwandelt es mein Leben.

A. E. Johann

Homer

Odysseus im Kyklopenlande

Her von Troja trug uns der Wind...
Und zum Lande der wilden, gesetzelosen Kyklopen
Kamen wir jetzt, der Riesen, die im Vertraun auf die Götter
Nimmer pflanzen noch sä'n und nimmer die Erde beackern.
Ohne Samen und Pfleg entkeimen alle Gewächse,
Weizen und Gerste dem Boden und edle Reben, die tragen
Wein in geschwollenen Trauben, und Gottes Regen ernährt ihn.
Dort ist weder Gesetz noch öffentliche Versammlung,
Sondern sie wohnen all auf den Häuptern hoher Gebirge
In gehöhleten Felsen, und jeder richtet nach Willkür
Seine Kinder und Weiber und kümmert sich nicht um den andern.
Gegenüber der Bucht des Kyklopenlandes er-

streckt sich,
Weder nahe noch fern, ein kleines waldichtes Eiland,
Welches unzählige Scharen von wilden Ziegen durchstreifen.
Denn kein menschlicher Fuß durchdringt die verwachsene Wildnis,
Und nie scheuchet sie dort ein spürender Jäger, der mühsam
Sich durch den Forst arbeitet und steile Felsen umklettert.
Nirgends weidet ein Hirt und nirgends ackert ein Pflüger;
Unbesäet liegt und unbeackert das Eiland,
Ewig menschenleer, und nähret nur meckernde Ziegen.
Denn es gebricht den Kyklopen an rotgeschnäbelten Schiffen,
Auch ist unter dem Schwarm kein Meister, kundig des Schiffbaus,
Schöngebordete Schiffe zu zimmern, daß sie mit Botschaft
Zu den Völkern der Welt hinwandelten (wie sich so häufig
Menschen über das Meer in Schiffen einan-

der besuchen).
Welche die Wildnis bald zu blühenden Auen sich schüfen.
Denn nicht karg ist das Land und schmückte jegliche Jahrszeit.
Längs des grauen Meeres Gestade winden sich Wiesen,
Reich an Quellen und Klee. Dort rankten die edelsten Reben,
Und leicht pflügte der Pflug, und dicke Saatengefilde
Reiften jährlich der Ernte; denn fett ist unten der Boden.
Und der Hafen so sicher! Kein Schiff bedarf da der Fessel,
Weder geworfener Anker noch angebundener Seile,
Sondern es läuft auf den Sand und ruhet, bis es dem Schiffer
Weiter zu fahren beliebt und günstige Winde sich heben.
Oben am Ende der Bucht entrieselt der felsichten Grotte
Silberblinkend ein Quell, von Pappelweiden umschattet.

Allda landeten wir. Ein Gott war unser Geleiter
Durch die finstere Nacht; wir sahn nicht, wohin wir uns wandten.
Dickes Dunkel umdrängte die Schiff', es leuchtet' am Himmel
Weder Mond noch Stern, in schwarze Wolken gehüllet.
Niemand erblickte daher mit seinen Augen die Insel,
Selbst die langen Wogen, die hin ans Ufer sich wälzten,
Sahen wir nicht, bevor die starken Schiffe gelandet.
Und nachdem wir gelandet, da zogen wir nieder die Segel,
Stiegen dann aus den Schiffen ans krumme Gestade des Meeres,
Schlummerten dort ein wenig und harrten der heiligen Frühe.
Als die dämmernde Frühe mit Rosenfingern erwachte,
Wanderten wir umher und besahen wundernd das Eiland.
Und es trieben die Nymphen, Kronions liebli-

che Töchter,
Kletternde Ziegen uns hin, zum Schmause meiner Gefährten.
Eilend holten wir Bogen und langgeschaftete Spieße
Aus den Schiffen hervor, und in drei Geschwader geordnet,
Schossen wir frisch; und Gott erfreut' uns mit reichlichem Wildbret.
Zwölf war die Zahl der Schiffe, die mir gehorchten; und jedem
Teilte das Los neun Ziegen, und zehn erlas ich mir selber.
Also saßen wir dort den Tag, bis die Sonne sich neigte,
An der Fülle des Fleisches und süßen Weines uns labend.
Denn noch war in den Schiffen der rote Wein nicht versieget,
Sondern wir hatten genug; denn reichlich schöpften wir alle
In die Eimer, da wir die Stadt der Kikonen beraubten.
Und wir sahen den Rauch des Kyklopenlandes und hörten

Ihre murmelnde Stimm und die Stimme der Ziegen und Schafe.
Als die Sonne nun sank und Dunkel die Erde bedeckte,
Legten wir uns zum Schlummer am Strande des rauschenden Meeres.

Ätheria von Aquitanien

Pilgerreise auf den Berg Sinai, 385 n. Chr.

Aber das will ich euch, verehrte Frauen und Schwestern, versichern, daß von jener Stelle, wo wir standen, nämlich neben der Kirche auf der Spitze des Sinai, jene anderen Berge, die wir vorher mit Mühe erstiegen hatten, so unter uns erschienen im Vergleich mit dem mittleren, auf dem wir standen, als wären sie bloß Hügel, während doch auch sie unermeßlich groß waren, so daß ich niemals höhere gesehen zu haben glaubte, nur daß der mittlere sie noch gewaltig überragte. Von hier sahen wir Ägypten und Palästina, das Rote Meer und das Parthenische Meer (der östliche Teil des Mittelländischen Meeres), das nach Alexandria hinströmt, ja selbst das endlose Gebiet der Sarazenen (die arabische Wüste) so (wunderbar) unter uns liegen, daß wir es kaum glauben konnten; und doch zeigten uns die Mönche dies im einzelnen.

Marco Polo

Durchquerung der Wüste Lop

Wenn am Tage Leute auf dem Wege zurückbleiben oder vom Schlaf übermannt zurückgehalten werden, bis die Karawane jenseits eines Hügels außer Sichtweite ist, so hören sie sich ganz unerwartet bei ihrem Namen gerufen, und zwar mit einer ihnen anscheinend bekannten Stimme. Sie glauben, der Ruf komme von ihren Gefährten; sie irren von dem rechten Wege ab ... Während der Nacht glauben sie auf dieser oder jener Seite das Getrampel eines großen Reitertrupps zu hören; aus dem Geräusch schließen sie, daß es die Fußtritte ihres Zuges sind, und sie wenden sich dorthin, woher der Lärm kommt; erst bei Anbruch des neuen Tages merken sie, daß sie

irregeführt und dem Verderben überliefert sind. Zuweilen nehmen am Tage diese Geister die Gestalt von Reisegefährten an, die sie beim Namen rufen und sie vom richtigen Wege abzuleiten suchen.
In der Tat sind die Erzählungen wunderbar und fast unglaublich; diese Wüstengeister, von denen sie berichten, sollen auch zuweilen die Luft mit Musikklängen und mit dem Lärm von Trommeln und mit Waffengeklirr erfüllen, was die Reisenden nötigt, sich enger zusammenzuhalten und in strengerer Ordnung zu marschieren. Deshalb sind die Reisenden so vorsichtig, daß sie vor der Nachtruhe weit vorn ein Signal aufstellen, das ihnen für den nächsten Tag den Weg anzeigt, oder daß sie jedem Lasttier eine Glocke anhängen, damit sie sich nicht so leicht zerstreuen. Solchen außergewöhnlichen Gefahren ist man unvermeidlich ausgesetzt, wenn man durch diese Wüste zieht.

Mary Wortley Lady Montague

In einem türkischen Bad

Konstantinopel, 29. Mai 1717

Die unvergleichliche Höhe des Bodens läßt die Stadt doppelt so groß erscheinen, als sie tatsächlich ist. Sie ist ohnedies eine der größten Städte der Welt. Konstantinopel bietet den angenehmen Anblick eines sich übereinander aufbauenden Gemenges von Gärten, Pinien, Zypressen, Palästen, Moscheen und öffentlichen Gebäuden. Dies alles ist von solcher Schönheit und scheinbarer Symmetrie, wie Euer Gnaden es nur je in einem Kabinettschrank gesehen haben dürften, in dem von geübter Hand aufgestellte Vasen sich über Vasen auftürmen, untermischt mit Körbchen, Puppen und Leuchtern. Dies ist wohl ein sehr seltsamer Vergleich, doch mir gibt er ein genaues Bild der Dinge.

Ich war vor drei Tagen in einem der schönsten Bäder der Stadt und hatte Gelegenheit, den Empfang einer türkischen Braut und alle bei diesem Anlaß gebräuchlichen Zeremonien mit anzusehen. Diese erinnerten mich an das

Hochzeitsgedicht für Helena bei Theokrit, und es scheinen dieselben Sitten wie damals auch heute noch hier zu herrschen. Alle weiblichen Freunde, Verwandten und Bekannten der beiden neu verbundenen Familien trafen im Badehause zusammen. Andere gehen aus Neugierde hin, und ich glaube, es waren an diesem Tage wenigstens zweihundert Frauen dort. Die verheirateten und die Witwen setzten sich rundherum auf die Marmorsofas. Die Jungfrauen warfen raschest ihre Kleider ab und erschienen ganz ohne andere Hülle oder anderen Schmuck als ihr langes, offenes Haar, das mit Bändern und Perlen durchflochten war. Zwei von ihnen begrüßten die Braut, die von ihrer Mutter und einer anderen würdigen Verwandten begleitet war, an der Türe. Sie war ein schönes Mädchen von etwa siebzehn Jahren, sehr reich gekleidet und strahlend von Juwelen, doch wurde sie augenblicks in den Naturzustand zurückversetzt. Zwei Mädchen füllten vergoldete Silbergefäße mit Parfüm und führten den Zug an, der Rest folgte in dreißig Paaren nach. Die Führerinnen sangen ein Hochzeitslied, und der Chor stimmte ein. Die beiden letzten führten die schöne Braut, die mit zu Boden gesenkten Augen und mit einer reizenden, gezierten Bescheidenheit einherschritt. In dieser Ordnung zogen sie durch drei große Säle des Bades. Es ist nicht leicht, Ihnen die Schönheit dieses Anblicks zu beschreiben, da die meisten von ihnen wohlgebaut und von schöner, weißer Hautfarbe waren (durch den häufigen Gebrauch der Bäder sind sie alle im Besitz einer vollkommen glatten und glänzenden Haut). Nach Beendigung dieses Umzuges wurde die Braut zu den Matronen geführt, von denen sie jede mit einem Glückwunsch und einem Geschenk begrüßte. Die Geschenke bestanden in Juwelen, Stoffen, Taschentüchern oder kleinen Galanterien.

Georg Forster

Ankunft auf Tahiti, 1773

Ein Morgen war's, schöner hat ihn schwerlich je ein Dichter beschrieben, als wir die Insel Otahiti zwei Meilen vor uns sahen. Der Ostwind, der uns bis hierher begleitet, hatte sich gelegt; ein vom Lande wehendes Lüftchen führte uns die erfrischendsten und herrlichsten Wohlgerüche entgegen und kräuselte die Fläche der See. Waldgekrönte Berge erhoben ihre stolzen Gipfel in mancherlei majestätischen Gestalten und glühten bereits im ersten Morgenstrahl der Sonne. Unterhalb dieser erblickte das Auge Reihen von niedrigen, sanft abhängenden Hügeln, die den Bergen gleich mit Waldung bedeckt und mit verschiedenem anmutigem Grün und herbstlichem Braun schattiert waren. Vor diesen her lag die Ebene, von Früchte tragenden Brotfruchtbäumen und Palmen beschattet, deren königliche Wipfel weit über jene emporragten. Noch erschien alles im tiefsten Schlaf; kaum tagte der Morgen, und stille Schatten schwebten noch auf der Landschaft dahin. Allmählich aber konnte man unter den Bäumen eine Menge Häuser und Canots unterscheiden, die auf den sandigen Strand heraufgezogen waren. Eine halbe Meile vom Ufer lief eine Reihe niedriger Klippen parallel mit dem Lande hin, und über dieser brach

sich die See in schäumender Brandung, hinter ihnen aber war das Wasser spiegelglatt und versprach den sichersten Ankerplatz. Nunmehr fing die Sonne an, die Ebene zu beleuchten. Die Einwohner erwachten, und die Aussicht begann sich zu beleben.
Kaum bemerkte man die großen Schiffe an der Küste, so eilte alles nach dem Strande, und einige stießen Canots ins Wasser, um zu uns herüberzurudern. Es dauerte nicht lange, so waren sie durch die Öffnung des Riffes hindurch, und eines kam uns so nahe, daß wir es abrufen konnten. Zwei fast ganz nackte Leute, mit einer Art Turban auf dem Kopfe und mit einer Schärpe um die Hüften, saßen darin. Sie schwenkten ein großes grünes Blatt in der Luft und kamen mit einem oft wiederholten lauten »Tayo!« heran, ein Ausruf, den wir ohne Mühe und ohne Wörterbuch als einen Freundschaftsgruß auslegen konnten. Das Canot ruderte dicht unter das Hinterteil des Schiffes, und wir ließen sogleich ein Geschenk von Glaskorallen, Nägeln und Medaillen herab. Sie hinwiederum reichten uns einen grünen Pisang-Schoß zu, der bei ihnen

ein Sinnbild des Friedens ist, und baten, solchen dergestalt am Schiff zu befestigen, daß er einem jeden in die Augen fiele. Es währte nicht lange, so sah man das Ufer mit einer Menge Menschen bevölkert, die nach uns hinguckten, indessen andere, voll Zutrauens auf das geschlossene Friedensbündnis, ihre Canots ins Wasser stießen und sie mit Landesprodukten befrachteten. In weniger als einer Stunde umgaben uns Hunderte von dergleichen Fahrzeugen, in deren jedem sich ein, zwei, drei, zuweilen auch vier Mann befanden. Ihr Vertrauen zu uns ging so weit, daß sie sämtlich unbewaffnet kamen. Von allen Seiten erscholl das bewillkommende »Tayo!«, und wir erwiderten es mit wahrhaftem und herzlichem Vergnügen über eine so günstige Veränderung unserer Umstände. Sie brachten uns Kokosnüsse und Pisangs im Überfluß nebst Brotfrucht und anderen Gewächsen, die sie sehr eifrig gegen Glaskorallen und kleine Nägel eintauschten. Die Menge von Canots, die zwischen uns und der Küste hin und her fuhren, stellte ein schönes Schauspiel, gewissermaßen eine neue Art Messe, auf dem Wasser dar.

Die Leute, die uns umgaben, hatten so viel Sanftes in ihren Zügen wie Gefälliges in ihrem Betragen. Sie waren ungefähr von unserer Größe, blaß mahagoni-braun, hatten schöne schwarze Augen und Haare und trugen ein Stück Zeug von ihrer eigenen Arbeit mitten um den Leib, ein anderes aber in mancherlei malerischen Formen wie einen Turban um den Kopf gewickelt. Die Frauenspersonen, die sich unter ihnen befanden, waren hübsch genug, um Europäern in die Augen zu fallen, die seit Jahr und Tag nichts von ihren Landsmänninnen gesehen hatten. Es dauerte nicht lange, so kamen verschiedene dieser guten Leute an Bord. Das ungewöhnlich sanfte Wesen, das ein Hauptzug ihres Nationalcharakters ist, leuchtete sogleich aus allen ihren Gebärden und Handlungen hervor und gab einem jeden, der das menschliche Herz studiert, zu Betrachtungen Anlaß. Die äußeren Merkmale, durch die sie uns ihre Zuneigung zu erkennen zu geben suchten, waren von verschiedener Art; einige ergriffen unsere Hände, andere lehnten sich an unsere Schultern, noch andere umarmten uns. Gleichzeitig bewunderten sie die weiße Farbe unserer Haut und schoben uns zuweilen die Kleider von der Brust, als ob sie sich erst davon überzeugen wollten, daß wir ebenso beschaffen seien wie sie.

Johann Wolfgang von Goethe

Am Rheinfall, 1797

Bei der Abendsonne sah ich noch den Rheinfall von oben und hinten, die Mühlen rechts, unter mir das Schloß Laufen, im Angesicht eine große herrliche, aber faßliche, in allen Teilen interessante, aber begreifliche Naturszene; man sieht den Fluß heranströmen und rauschen und sieht, wie er fällt...

Wir fuhren näher an ihn hinan; es ist ein herrlicher Anblick, aber man fühlt wohl, daß man keinen Kampf mit diesem Ungeheuer bestehen kann. Wir bestiegen wieder das kleine Gerüst, und es war eben wieder, als wenn man das Schauspiel zum erstenmal sähe. In dem ungeheuren Gewühle war das Farbenspiel herrlich. Von dem großen überströmten Felsen schien sich der Regenbogen immerfort herabzuwälzen, indem er in dem Dunst des herunterstürzenden Schaumes entstand. Die untergehende Sonne färbt einen Teil der beweglichen Massen gelb, die tiefen Strömungen erschienen grün, und aller Schaum und Dunst war licht purpur gefärbt: Auf allen Tiefen und Höhen erwartete man die Entwicklung eines neuen Regenbogens. Herrlicher war das Farbenspiel in dem Augenblick der sinkenden Sonne, aber auch alle Bewegung schien schneller, wilder und sprühender zu werden. Leichte Windstöße kräuseln lebhafter die Säume des stürzenden Schaumes, Dunst schien mit Dunst gewaltsamer zu kämpfen, und indem die ungeheure Erscheinung immer sich selbst gleichblieb, fürchtete der Zuschauer dem Übermaß zu unterliegen und erwartete als Mensch jeden Augenblick eine Katastrophe...

Joseph Freiherr von Eichendorff

Es geht doch nichts über's Reisen, wenn man nicht dahin oder dorthin reiset, sondern in die weite Welt hinein, wie es Gott gefällt! – Wie uns aus Wäldern, Bergen, aus blühenden Mädchengesichtern, aus Strömen und alten Burgen das noch unbekannte, überschwengliche Leben ernst und fröhlich ansieht!

Karl Immermann

Ich müßte immer und immer reisen, denn jeder Strohhalm, den ich an einem anderen Ort sehe, vertraut mir wundersame Dinge.

Hermann Allmers (1821 – 1902)

Heidenacht

Wenn trüb das verlöschende letzte Rot
Herschimmert über die Heide,
Wenn sie liegt so still, so schwarz und tot,
So weit du nur schauest, die Heide,
Wenn der Mond steigt auf und mit bleichem
Erhellt den granitnen Hünenstein, [Schein
Und der Nachtwind seufzet und flüstert darein
Auf der Heide, der stillen Heide –
Das ist die Zeit, dann mußt du gehn

Ganz einsam über die Heide,
Mußt achten still auf des Nachtwinds Wehn
Und des Mondes Licht auf der Heide:
Was nie du vernahmst durch Menschenmund,
Uraltes Geheimnis, es wird dir kund,
Es durchauert dich tief in der Seele Grund
Auf der Heide, der stillen Heide. –

Rolf Brandt

Zauberreise im Zeppelin, 1924

Diese Nachtfahrt, dieser frühe Morgen werden für jeden von uns unvergeßliches Erlebnis bleiben. Der Mond stand als schmale Sichel über dem Horizont. Sterne, die wie fremde Leuchtfeuer da irgendwo am Nachthimmel zu brennen schienen. Schon im Morgengrauen Ceuta. Hinter dem funkelnden Hafen stehen ganz fern die Rifberge. Der Himmel wird braunrot. Wir sehen Spanien und Afrika im gleichen Abschied. Bald versinkt die spanische Küste im silbrigen Glanz des Morgens. Auf der anderen Seite dunkelt das Atlasgebir-

ge. Vorher Tanger. Man fährt in diesem »Zeppelin« über Afrika nach den Vereinigten Staaten. Das Bild des Salons um diese Morgenstunde ist merkwürdig genug. Wir lehnen bei der sommerlichen Wärme fast alle in Pyjamas aus den offenen Fenstern. Auch die englische Kollegin, die eine Art chinesisches Morgenkostüm trägt. Ganz hellgraues Licht über den bunten Nachtkleidern. Um sieben Uhr Berliner Zeit versinkt die europäische Küste, zehn Minuten später die afrikanische. Dann sind wir über dem Ozean. Wundervolle Luft. Die ungeheuere Weite ... ganz hellblau mit dunklen Wolkenflecken.
Wir laufen 70 Seemeilen, also etwa 120 Kilometer in der Stunde. Wir haben nichts von den Unwettern über dem Ozean bisher gemerkt. Wir umfuhren sie. Es ist ein geniales Reisen mit dem Wunderschiff, das seinen Radius um die halbe Welt spannt. Um zwei Uhr sollen wir über Madeira sein. Das Lichterspiel über dem Ozean läßt die Stunden traumhaft verwehen... Zuweilen weiß niemand von uns eigentlich, wieviel Zeit es ist.

Marcel Proust

Segel im Hafen

Zwischen seinen niedrigen Kais erstreckte sich der Hafen langhin wie eine Straße aus Wasser, worauf das Licht des Abends glänzte. Hier blieben die Vorübergehenden stehen, um die versammelten Schiffe anzustaunen, als seien es Fremde, am Abend gekommen und gewillt, morgens weiterzureisen. Diese aber ließ die Neugier, die sie bei der Masse erregt hatten, gleichgültig, denn sie schienen deren Niedrigkeit zu verachten oder deren Sprache nicht zu kennen, und so bewahrten sie in der feuchten Herberge, wo sie sich für eine Nacht aufhalten sollten, ihre schweigende, unbewegliche Haltung. Der solide Bau des Vorderstevens sprach nicht minder von künftigen weiten Reisen als von Seeschäden der Ermattung, die sie auf ihren gleitenden Straßen schon hinter sich gelassen, Straßen, die so alt waren wie die Welt und so neu wie die Passage, die über sie hinführte und deren Spur verging. Schmächtig und doch voll Widerstand hatten sich diese Schiffe mit ernster Kühnheit gegen den Ozean hin gedreht, den sie beherrschen und der sie doch vernichtet. Das wunderreiche, sinnvolle Takelzeug spiegelte sich im Wasser, wie eine präzise, vorausblickende Intelligenz untertaucht in dem ungewissen Schicksal, das sie über kurz oder lang zertrümmern wird. Eben erst hatte man sie aus dem Bereich des schönen wilden Lebens gezogen, wohin sie morgen von neuem den Weg antreten sollten, und so waren ihre Segel noch geschmeidig von dem Wind, der sie eben noch gebläht, ihr Bugspriet schnitt schräg gegen das Wasser ab – wie gestern noch während der Fahrt, und vom Vorderschiff bis zum Heck schien das Muschelrund die geheimnisvolle und biegsame Grazie der Fahrt bewahrt zu haben.

Reinhold Messner

In den Dolomiten

Im weiten Hochtal, das wir erklommen hatten, war einfach nur Ruhe da, nach allen Himmelsrichtungen hin unendliche Ruhe. Diese Stille machte sich auch in uns breit, während wir – jeder für sich – tiefer in diese Einsamkeit vordrangen. Je lautloser die Weite wurde, desto mehr fühlte ich das Verlangen zu rufen, zu schreien, laut mit mir selbst zu reden. Plötzlich begann ich zu blöken, irgendwelche Urlaute auszustoßen. Es ging mir dabei nicht darum, das Schweigen zu zerstören, ich mußte Maß finden für die Stille, die sich um uns herum bis zur Unendlichkeit auszudehnen schien. Bald riefen wir beide – abwechselnd – und lauschten jedem Laut, der von den Wänden widerhallte.

Sternstunden

Ich steige ein und die Reise beginnt. Nach wenigen Sekunden hasten Bäume und Sträucher an uns vorbei. Wir haben die Stadt verlassen. Immer schneller geht die Fahrt, ich glaube zuweilen zu fliegen und der Rausch der Geschwindigkeit betäubt mich. Es ist ein edler Rausch, der frei und stolz macht.
Schwingt hier nicht ein wenig von der Verwandtschaft mit den Sternen in uns, ist dies nicht der Blick in die grenzenlose Weite des Himmels, den wir zu tun vermögen? So zieht auch unsere Welt mit schweigender Schnelligkeit durch den unbegrenzten Raum, und auf ihrer Stirn trägt sie ewig den Morgen.

Werner Walz

Christoph Kolumbus

Die Landung in Amerika

Donnerstag/Freitag, 11./12. Oktober 1492
Ich blieb weiterhin auf westsüdwestlichem Kurs. Wir hatten stark unter hohem Seegang zu leiden, mehr als jemals auf unserer ganzen Fahrt. Wir erblickten Sturmvögel und ein grünes Schilfrohr, das an der Bordwand des Schiffes vorbeistrich.
Die Leute der Karavelle Pinta erspähten ein Rohr und einen Stock, fischten dann noch einen zweiten Stock heraus, der anscheinend mit einem scharfen Eisen bearbeitet worden war; sie griffen noch ein Rohrstück auf und sahen ein kleines Brett und eine Grasart, die von der üblichen verschieden war und auf dem Lande wuchs. Auch die Mannschaft der Nina sichtete Anzeichen nahen Landes und den Ast eines Dornbusches, der rote Früchte trug. Diese Vorboten versetzten alle in gehobene, freudige Stimmung.
Um zwei Uhr morgens kam das Land in Sicht, etwa acht Seemeilen vor uns. Wir holten alle Segel ein und führten nur mit einem Großse-

gel, ohne Nebensegel. Dann legten wir bei und warteten bis zum Anbruch des Tages, der ein Freitag war, an dem wir zu einer Insel gelangten, die in der Indianersprache ›Guanahani‹ [von Kolumbus ›San Salvador‹ getauft; es ist die heutige Watling-Insel der Bahamagruppe] hieß. Dort erblickten wir sogleich nackte Eingeborene. Ich begab mich, begleitet von Martin Alonso Pinzon und dessen Bruder Vicente, dem Kapitän der Nina, an Bord eines mit Waffen versehenen Bootes an Land. Dort entfaltete ich die königliche Flagge, während die beiden Schiffskapitäne zwei Fahnen mit einem grünen Kreuz im Felde schwangen, das an Bord aller Schiffe geführt wurde und das rechts und links von den je mit einer Krone verzierten Buchstaben F (Ferdinand von Aragonien) und Y (Isabelle von Kastilien) umgeben war.

Unseren Blicken bot sich eine Landschaft dar, die mit grün leuchtenden Bäumen bepflanzt und reich an Gewässern und allerhand Früchten war.

Sofort sammelten sich an jener Stelle zahlreiche Eingeborene der Insel an. In der Erkenntnis, daß es sich um Leute handle, die man weit besser durch Liebe als mit dem Schwert retten und zu unserem heiligen Glauben bekehren könne, gedachte ich, sie mir zu Freunden zu machen, und schenkte also einigen unter ihnen rote Kappen und Halsketten aus Glas und noch andere Kleinigkeiten von geringem Werte, worüber sie sich ungemein erfreut zeigten. Sie erreichten schwimmend unsere Schiffe und brachten uns Papageien, Knäuel von Baumwollfäden, lange Wurfspieße und viele andere Dinge noch, die sie mit dem eintauschten, was wir ihnen gaben, wie Glasperlen und Glöckchen. Sie gaben und nahmen alles von Herzen gern – allein mir schien es, als litten sie Mangel an allen Dingen.

Sie gehen nackend umher, so wie Gott sie erschaffen, Männer wie Frauen. Alle, die ich erblickte, waren jung an Jahren; ich sah niemand, der mehr als 30 Jahre zählte. Dabei sind sie sehr gut gewachsen, haben einen schön geformten Körper und gewinnende Gesichtszüge. Sie haben dichtes Haar, das fast Pferdeschweifen gleicht.

Sie führen keine Waffen mit sich, solche sind

ihnen nicht einmal bekannt; ich zeigte ihnen die Schwerter, und da sie aus Unkenntnis bei der Schneide anfaßten, schnitten sie sich. Sie besitzen keine Art Eisen. Ihre Spieße sind Stäbe, die an der Spitze mit einem Fischzahn oder einem anderen harten Gegenstand versehen sind. Im allgemeinen haben sie einen schönen Wuchs und anmutige Bewegungen.

James Cook

Die Entdeckung Australiens, 1770

Montag, 9. April: Sah vormittags einen Tropenvogel, meines Wissens in so hoher Breite (38° 29') etwas Ungewöhnliches.
Donnerstag, 18. April: Um 6 Uhr erblickten wir Land, das sich in einiger Entfernung von Nordost nach West hinzog.
Südlich davon konnten wir kein Land erblikken, und doch war in jeder Richtung klare Sicht, und Van-Diemens-Land hätte genau südlich von uns liegen müssen.
Freitag, 20. April: Das klare Wetter gab uns Gelegenheit, das Land zu betrachten, das

sehr freundlich und vielversprechend aussah, durch Hügel, Höhenzüge, Ebenen und Täler mannigfach gegliedert und mit einigen kleinen Lichtungen, doch größtenteils ganz und gar mit Wald bedeckt. Wir hielten nun längs der Küste nach Norden. Nachmittags sahen wir an verschiedenen Orten Rauch von Feuerstellen aufsteigen.
Sonnabend, 28. April: Bei Tagesanbruch entdeckten wir eine Bucht, die einigermaßen von allen Seiten gegen Wind geschützt schien und in die ich mit dem Schiff einzulaufen beschloß. Als wir hineinfuhren, sahen wir an beiden Ufern der Bucht Eingeborene und ein paar Hütten. Als wir uns der Küste näherten, entflohen alle bis auf zwei, die entschlossen schienen, sich unserer Landung zu widersetzen...

Nikolai Michailowitsch Karamsin

Reise nach Weimar, 1789

Die Lage Weimars ist artig. Die umliegenden Dörfer mit ihren Feldern und Gehölzen gewähren eine anmutige Aussicht. Die Stadt ist nur klein, und außer dem herzoglichen Palaste gibt es hier keine großen Gebäude. Als man mich am Stadttore befragt hatte, befragte ich meinerseits den wachthabenden Sergeanten: »Ist Wieland hier? Ist Herder hier? Ist Goethe hier?« – »Hier, hier, hier«, antwortete er, und ich befahl dem Postillion, nach dem Gasthof »Zum Elefanten« zu fahren. Der Lohnlakai wurde nun sogleich angewiesen, sich zu erkundigen, ob Wieland zu Hause sei. – »Nein«, war die Antwort, »er ist bei Hofe.« – Ob Herder zu Hause sei. – »Nein, er ist bei Hofe.« – Ob Goethe zu Hause sei. – »Nein, er ist bei Hofe.« – »Bei Hofe, bei Hofe«, spottete ich halbbürgerlich dem Bedienten nach, nahm meinen Stock und ging in den dicht an der Stadt liegenden Park. Ein schönes Lustwäldchen, das man den Stern nennt, gefiel mir besonders, doch noch mehr zog mich das wilde, dunkle Ufer eines rauschenden Baches an, unter dessen Geräusch ich, auf einem bemoosten Steine sitzend, das erste Buch von Fingal las. Diejenigen, die mir im Garten begegneten, betrachteten mich mit einer Aufmerksamkeit, die in großen Städten, wo man

bei jedem Schritte auf unbekannte Gesichter stößt, nicht gewöhnlich ist...
Goethe habe ich nur gestern im Vorbeigehen am Fenster gesehen; ich blieb stehen und betrachtete ihn einige Minuten. Ein wahrhaft griechisches Gesicht! Heute morgen, da ich ihn besuchen wollte, fand ich ihn nicht. Er war ganz früh nach Jena gefahren.

Johann Wolfgang von Goethe

Wer die Entdeckung der Luftballons miterlebt hat, wird ein Zeugnis geben, welche Weltbewegung daraus entstand, welcher Anteil die Luftschiffer begleitete, welche Sehnsucht in so viel tausend Gemüter vordrang, an solchen längst geglaubten und immer unglaublich gefahrvollen Wanderungen teilzunehmen, wie frisch und umständlich jeder einzelne glückliche Versuch die Zeitungen füllte, zu Tagesheften und Kupfern Anlaß gab, welch zarten Anteil man an den unglücklichen Opfern solcher Versuche genommen.

François Blanchard

Luftreise über Wien, 1791

Es war nach meiner Uhr gerade Mittag, als ich mich im Prater von der Erde in die Luft erhob; meine Auffahrt geschah nicht allzu schnell, denn das Maß der Steigkraft war nach der Schwäche des Windes berechnet. Nachdem ich Ihre k. Hoheit mit meiner Fahne, die das Wappen Ihrer k.k. Majestät führte, begrüßt und der hochangesehenen und zahlreichen Versammlung, die mit allgemeinem Beifall mich zu beehren würdigte, meine Danksagung bezeigt hatte, beschäftigte ich mich mit einigen zu meiner Reise nötigen Zubereitungen. Sechs Minuten nach zwölf wendete ich meine Blicke auf den mir noch sichtbaren unermeßlichen Erdkreis und suchte mit der größten Begierde den Ort meiner Auffahrt; ich entdeckte ihn auch als einen Punkt, und die Versammlung, die ich nochmals begrüßte, schien mir nur eine kleine Gruppe von Menschen zu sein, die ich kaum zu unterscheiden vermochte. Die Stadt Wien mit ihren weitausgebreiteten Vorstädten stellte sich mir als ein prächtiges Miniaturgemälde vor, und die weitläufigen, mit den schönsten Farben gezierten Landschaften zeigten meinem entzückten Auge das verführerischste und durch die angenehme Jahreszeit verschönerte Naturgemälde. Die ganze Erde schien mir eine künstlich gezeichnete Landkarte und die Flächen mit grünen Tapeten bedeckt zu sein. Damals war es, wo mein Entzücken über meinen Aufenthalt in den Lüften in eine himmlische Wonne überging, und die Stimmung der Seele, die sich in diesen angenehmen Augenblicken allmählich emporschwingt, ließ meiner Einbildungskraft ihren freien Zügel, und in dieser so erwünschten Lage glaubte ich, alles wagen zu dürfen.

Die erste Fahrt der Kaiser-Ferdinands-Nordbahn am 23. November 1837

Als ich vor 10 Uhr Floridsdorf betrat und den Seitenweg nach der Eisenbahn einschlug, zeigte sich mir ein ebenso grandioses als reichbewegtes Bild. Eine Wagenburg von zahllosen Equipagen war auf dem geräumigen Platze am Damme aufgefahren. Tausende von Zuschauern bedeckten den Damm, den Abfahrtsplatz und die Bahnstrecke, so weit das Auge reichte. Schon wirbelte hoch der Rauch aus der Maschine, und die Kolonne setzte sich in Bewegung, als ich den Damm betrat.

Das Dahingleiten des Zuges auf der schönen weiten Bahn gewährte einen imposanten Anblick – Jubelgeschrei und freudiger Zuruf erscholl von allen Seiten. Man begrüßte ihn mit Freudenschüssen, Schwenken der Hüte usw., und rings offenbarte sich die lebendigste Anteilnahme an der interessanten Fahrt. Der Morgen, welcher in den Frühstunden sich rauh und unfreundlich gezeigt hatte, heiterte sich endlich ganz aus, und der freundliche Sonnenschein verherrlichte das Schauspiel.

Ich schritt, die Rückkehr der Kolonne erwartend, auf dem schönen Damme vorwärts bis gegen Süßenbrunn, und der sonderbarste Wechsel der Empfindungen durchströmte meine Brust. Welcher Österreicher könnte diesen Boden ohne Erregung durchschreiten, wo zweimal im blutigen Kampfe um das Geschick des Vaterlandes gerungen ward! Wo Rudolf von Habsburg den kühnen Böhmenkönig besiegte, wo zuerst Napoleons Siegesstern erbleichte, an dem Lorbeer von Aspern! Sie lagen alle vor meinem Blick, die welthistorischen Stätten, an denen in jenen unvergeßlichen Tagen gekämpft ward; und nun die Bahn selbst, auf welcher ich dahinwandelte, dieser länderverbindende Gürtel, dieser glänzende Sieg der Industrie und der Kraft des menschlichen Geistes. Welche Betrachtungen erweckt er in der Brust jedes Denkenden! Indem alle diese Bilder an meinem Sinne vorüberzogen, verkündete die am fernen Horizonte aufsteigende Dampfsäule die Rückkehr der Kolonne. Sie kam näher! Schon unterschied man den Wagenzug, lauter und lauter ertönte das Gebrause und Gerassel der arbeitenden Maschine, und endlich flog der imposante Zug mit Sturmwindeseile an mir vorüber. Ein herrliches imposantes Schauspiel!

Ferdinand Gregorovius

Ritt zum Castel del Monte, 1871

Es ist eine rechte Wonne, diese apulische Wildnis zu durchreiten, die balsamischen, von Blumenduft gewürzten Mailüfte einzuatmen, das tiefblaue Meer drüben strahlen zu sehen und den ätherreinen Himmel, der Land und Meer umschlingt. Es sind wirklich Flammenpfeile, die hier Helios versendet; aber sie beschädigen nicht, wenigstens nicht im Mai. Das Licht dieses Himmels berauscht die Seele wie ein Trank perlenden Weins; man schlürft und atmet es gierig ein; es zehrt die Nebel im Gemüt auf, jene giftigen Dünste, die in den Nordlandmenschen grundlose Stimmungen erzeugen, Qualen der Einbildung, den Spleen und den Weltschmerz und den verzweifelten Humor. Das Licht ist Freude, es entfesselt die Seele, und es setzt sie unmittelbar in Verbindung mit dem Universum, wie die Musik. Wenn die Sonne dort unten so recht heiß scheint, ist es mir immer, als setzten sich Flammen an Seele und Leib, wie Fittiche, die beflügeln und heben.

Hinauf reitend über die grünen Hügel, hatte ich das wunderbare Schloß stets vor Augen, dessen gelbe Massen sich immer deutlicher gestalteten. Dieses vereinsamte Denkmal großer Vergangenheit erinnert an Schlachten und Kriege, an höfische und politische Frevel; unser Besuch gilt vielmehr den friedlichen Räumen, wo der geniale Kaiser sich dem Studium in ländlicher Stille und den Freuden der Jagd hingegeben hat. Und doch fallen selbst in dieses schöne Bild finstere Schatten, die es zerstören; denn es sind die letzten Hohenstaufen, die unglücklichen Enkel Friedrichs II., die Söhne Manfreds, die uns in diesem Schloß entgegentreten, ihre Ketten zeigen und ihre namenlosen Leiden klagen.

Wenn der große Hohenstaufenkaiser sich in der Fensterbrüstung jenes Schlosses niederließ, um Meer und Landschaft zu seinen Füßen zu betrachten, lag vor ihm sein Lieblingsland Apulien, eine weite, zum Meer gesenkte Terrasse, bedeckt mit blühenden Gärten und Feldern, erfüllt von Herden, übersät mit Schlössern und betürmten Städten. Hier zogen an seinem Blick vorüber Hellenen, Römer, Karthager, Byzantiner, Goten, Langobarden, Sarazenen und jene Normannen, deren Erbe sein Vater Heinrich VI. durch Constanza von Sizilien geworden war. Auch aus seinem eigenen Leben kamen ihm hier zahllose Erinnerungen entgegen; mit tiefem Nachdenken wird er zumal das Meer dort unten betrachtet haben, wo er sich, mit dem Bann der Kirche beladen, nach Jerusalem eingeschifft hatte und von dort heimgekehrt war.

Eugene Cernan

Das völlige Fehlen jeglichen Geräusches im Weltraum ist mehr als bloße Ruhe.

Neil Armstrong

Wir waren die Ersten

(Am 19. Juli 1969 gelangt das mit Neil Armstrong, Edwin Aldrin und Michael Collins bemannte Raumschiff Apollo 11 in die Mond-

umlaufbahn, und am 21. Juli 1969, 3.56 Uhr mitteleuropäischer Zeit betritt Armstrong von der Mondfähre Adler aus als erster Mensch die Mondoberfläche.)

Es ist ein merkwürdiges, unheimliches Gefühl, auf einer Bahn zu fliegen, die auf dem Mond enden wird – nicht schwierig, aber recht komplex und erbarmungslos ...
Am eindruckvollsten war der Anblick, als wir auf dem Wege zum Mond waren und wir durch dessen Schatten flogen. Wir waren noch Tausende von Meilen entfernt, aber doch schon so nahe, daß der Mond fast unser ganzes rundes Fenster ausfüllte. Von unserer Position aus verfinsterte er die Sonne. Um den Rand des Mondes herum sah man die Korona der Sonne als einen gigantischen linsen- oder untertassenförmigen Lichtschein, der sich über mehrere Monddurchmesser erstreckte. Es war großartig, aber noch mehr war es der Mond selbst. Wir befanden uns in seinem Schatten; es war also kein Teil von ihm durch die Sonne beleuchtet. Er war nur durch den Erdschein erhellt. So kam es, daß

der Mond blaugrau erschien. Dabei wirkte die gesamte Szene entschieden dreidimensional.

Ich nahm wirklich ›visuell‹ wahr, daß der Mond eine Kugel und keine Scheibe ist. Er machte gleichsam den Eindruck, als ob er uns seine Rundheit, seine Ähnlichkeit mit der Erde, in einer Art von Willkommensgruß vorführen wollte. Ich war überzeugt, daß er ein freundlicher Gastgeber sein werde. Er hatte lange Zeit auf seine ersten Besucher gewartet...

Armstrong steigt die Leiter der auf dem Mond gelandeten Raumfähre Adler hinunter:

...Ich bin am Fuß der Leiter. Die Fußschalen des Apollo-Landefahrzeugs sind nur 25 bis 50 Millimeter in der Oberfläche eingesunken. Obgleich die Oberfläche sehr, sehr feinkörnig zu sein scheint, wenn man näher herankommt. Es ist beinah wie Puder. Hier und da ist es sehr fein... Ich werde jetzt vom Apollo-Landefahrzeug hinuntersteigen...

Um 9 Uhr 56 abends, Houston-Zeit, steigt Neil Armstrong aus dem schüsselförmigen Landefuß heraus und auf die Oberfläche des Mondes:

Das ist ein kleiner Schritt für einen Mann, ein Riesensprung für die Menschheit... Es handelt sich um eine sehr weiche Oberfläche, aber hier und dort stoße ich beim Hineinstekken meines Greifers auf eine sehr harte Oberfläche... Ich werde versuchen, ein Stück Gestein hineinzubekommen. Hier habe ich ein paar.

»Es sieht von hier wunderbar aus, Neil«, erklärte Aldrin vom Kabinenfenster des Adlers aus.

Es ist hier von einer reinen, eigenartigen Schönheit. Es sieht wie in vielen der hochgelegenen Wüstengebiete der Vereinigten Staaten aus. Es ist anders, aber es ist sehr schön hier draußen.

Aldrin: »... Ein herrlicher Ausblick ... Großartige Verlassenheit.«

Verzauberte Welten

In dem Phänomen des Reisens inbegriffen, als sein integrierender Bestandteil, ist das menschliche Sehnen nach Schnelligkeit, die Faszination an der beschleunigten Bewegung, aus der ein besonderer Reiz des Reisens ersteht: das Sich-Verwandeln der Welt.

Stefan Weinberg

Heinrich von Kleist

Wir fliegen wie die Vögel schnell

O welch ein herrliches Geschenk des Himmels ist ein schönes Vaterland! Wir sind durch ein einziges Tal gefahren, romantisch schön. Da ist Dorf an Dorf, Garten an Garten, herrlich bewässert, schöne Gruppen von Bäumen an den Ufern, alles wie eine englische Anlage. Jeder Bauernhof ist eine Landschaft; Reinlichkeit und Wohlstand blickt aus allem hervor. Man sieht aus dem Ganzen, daß auch der Knecht und die Magd hier das Leben genießen. Frohsinn und Wohlwollen spricht uns aus jedem Auge an. Die Mädchen sind zum größten Teil höchst interessant gebildet. Das findet man meistens in allen Gebirgen.

Zuweilen bin ich auf Augenblicke ganz vergnügt. Wenn ich so im offenen Wagen sitze, den Mantel gut geordnet, die Pfeife brennend, tüchtige Pferde, guter Weg, und immer rechts und links die Erscheinungen wechseln wie Bilder auf dem Tuche bei dem Guckkasten – und vor mir das schöne Ziel und hinter mir das liebe Mädchen – und in mir Zufrie-

denheit –, dann, ja dann bin ich froh, recht herzlich froh.
Was das Reisen hier schnell geht, das glaubst du gar nicht. Oder ist es die Zeit, die so schnell verstreicht? Fünf Uhr war es, als wir von Oederan abfuhren, jetzt ist es 1/2 11 Uhr, also in 5 1/2 Stunden so etliche Meilen. Jetzt geht es gleich weiter nach Zwickau. Wir fliegen wie die Vögel über die Länder. Aber dafür lernen wir auch nicht viel. Einige flüchtige Gedanken sind die ganze Ausbeute unserer Reise.

Franz Grillparzer

Ankunft in Venedig, 1819

Gegen Abend erblickten wir den Glockenturm von St. Markus in neblichter Ferne, aber eine neue Windstille ließ uns nicht hoffen, ihn so bald zu erreichen. Noch einmal mußten wir hinab in unser Gefängnis, und schlafend trug uns die Barke, wie den Ulysses in die Heimat, nach Venedig. Als wir erwachten und aufs Verdeck traten, lagen wir schon in den Lagunen, der Dogana gegenüber. Man hat oft den ersten Anblick von Venedig als so wunderbar beschrieben, ich habe es kaum so gefunden. Es hat zwar allerdings etwas Befremdendes, Häuser und Paläste aus dem Meere aufsteigen zu sehen, aber die Phantasie ersetzt leicht das fehlende Erdreich, und man glaubt eben einen breiten Fluß mit vielen Inseln vor sich zu sehen. Auch fehlt es in solcher Nähe, als ich beim Anbruch des Tages die Stadt bereits sah, dem Anblick an Einheit und Umfang; in einer größeren Entfernung mag das anders sein. Der erste Eindruck, den Venedig auf mich machte, war befremdend, einengend, unangenehm. Diese morastigen Lagunen, diese stinkenden Kanäle, der Schmutz und das Geschrei des unverschämten, betrügerischen Volkes geben einen verdrießlichen Kontrast mit dem kaum verlassenen, heiteren Triest. Wenn man sich aber erst ein wenig erholt hat und den Totaleindruck dieser schwarzen Steinmassen gesondert auf sich wirken läßt, dann wird man ebenso ergriffen, als man vorher verstimmt war. Es ist vielleicht kein Ort in der Welt, wo das Altertum mit solcher Lebendigkeit den Menschen anspräche. Rom ist tot, ein herrlicher Leichnam, aber Venedig regt sich noch und dehnt seine Riesenglieder zum unfreiwilligen Abschied aus dem Leben. Wer nicht sein Herz stärker klopfen fühlt, wenn er auf dem Markusplatz steht, der lasse sich begraben, denn er ist tot. Dieser Palast des Dogen, ein Bild der Republik und der Stadt, mit seinem unförmlichen Körper auf den Stützen wunderlicher Säulen und Bögen ruhend, vereinend die Starrheit in seinen ungefügen, unbeworfenen Wänden mit aller Zierlichkeit der Kunst in seinen Arkaden und Zinnen. Ich weiß nicht warum, aber mir fiel ein Krokodil ein, als ich ihn sah, obschon seine Form nicht die geringste Ähnlichkeit mit diesem Tier hat. Was da beschlossen wird, denkt man, muß geheimnisvoll sein und klug und unerschütterlich und hart. Wie ein Rätsel sieht er aus, dieser Palast, und scheint Rätsel zu beherbergen. Auf der anderen Seite die Prokuratorien, schön, herrlich, aber sie gleichen anderen Gebäuden, und andere Gebäude gleichen ihnen: hier wohnt das Sichtbare, in jener Höhle brütete das unsichtbare Prinzip, das sich bemerkbar machte durch seine Wirkungen. Als ich in der Nacht beim Mondschein in der Gondel an diesem Palast herumfuhr, bei den Staatsgefängnissen vorbei und nun in dem durch Streiflichter manchmal unterbrochenen Schatten, welchen diese Riesengebäude einander geheimnisvoll zuwerfen, der Ponte dei sospiri über mir schwebte, über den die Staatsverbrecher einst aus dem Gefängnis zum Tode geführt wurden, da überfiel mich ein Fieberschauer. All die Gewesenen und all die Verblichenen, all die Verfolger und Verfolgten, Mörder und Gemordeten schienen aufzusteigen vor mir mit verhüllten Häuptern. Auf dieser Brücke ging Marino Faliere, ging vor ihm und nach ihm so mancher dem Tode entgegen, und dort erwarteten sie Henker und Richter, die Menschenleiden nicht beben machte und ein Mord nicht zittern. Schaut hin, Unbeugsame, Starre, Unmenschliche! Das, wofür ihr gemordet habt und gerichtet, es ist nicht mehr. In Schutt liegt eure Größe, euren Abgott hat die Zeit verschlungen, eure Tage sind zur Fabel geworden, und euer Streben zum Märchen. Über euren Gräbern wandelt eine entartete Menge, die bald den Namen vergessen wird, für den ihr starbt. Noch einmal: Wer am Markusplatz sein Herz nicht schlagen fühlt, hat keines. Hier die drei Säulen mit den drei Kronen der drei Königreiche, die sich dienstbar nannten der stolzen Republik, dort die Pferde, Siegeszeichen aus dem eroberten Konstantinopel, und außer jenen zwei Säulen am Canal Grande das Meer, das, gebändigt, statt zu grollen, schmeichelnd die Füße leckt der es beherrschenden Stadt. Steh auf aus dem Grabe, entschlafener Doge, und wirf deinen Ring hinab, deine Braut hat andere Bräutigame gefunden, seit du schläfst.

Man durchwandert die Stadt: überall Größe, Stolz, Reichtum, Weltherrschaft. Palast an Palast, fast alle gleich gebaut. Zwei Eingänge, einer auf den Kanal, der andere ans Land. Im ersten Geschosse ein großer mit Marmor gepflasterter Saal, dessen eine Wand ganz aus Fenstern besteht, von außen mit Säulen geziert, wert, breitere Straßen zu zieren, alles düster, ernst, streng. Diese Massen tragen den Charakter der Republik. Man möchte weinen, wenn man die Namen hört und die Reste sieht. Das Hotel all'Europa, wo ich wohnte, war einst das Haus der uralten Giustiniani, und in dem Saale, wo der alte Badoar seine Siegesfeste feierte, putzt der Bediente meine Schuhe und hängt meinen Rock dahin, wo sonst eroberte Fahnen hingen. Als ich in den Laden des Buchhändlers Fuchs trat, um nach etwas zu fragen, stand ich in dem Zimmer, wo Bianca Capello geboren ist, kurz, für einen, der ein Gemüt hat, gibt's keinen zweiten Ort wie Venedig.

Hans Christian Andersen

Die erste Empfindung ist ein ganz leiser Stoß der Wagen; nun sind die Ketten straff, welche sie zusammenhalten; wieder ertönt die Signalpfeife und die Fahrt beginnt, aber langsam, die ersten Schritte sanft, als zöge eine Kinderhand den kleinen Wagen. Unmerklich nimmt die Geschwindigkeit zu, während du in deinem Buche liesest, deine Karte ansiehst und noch nicht recht weißt, ob die Fahrt begonnen hat, denn der Wagen gleitet gleich einem Schlitten auf dem ebenen Schneefeld. Du blickst aus dem Fenster und entdeckst, daß du, wie mit Pferden im Galopp, davonjagst; es geht noch schneller, du scheinst zu fliegen, aber hier ist kein Schütteln, kein Luftzug, nichts, was du dir als unbehaglich dachtest.

Was war das Rote, das gleich einem Blitz dicht vorbei fuhr? Einer der Wächter, der mit seiner Fahne dastand. Sieh nur hinaus! und die nächsten zehn bis zwanzig Ellen ist das Feld ein pfeilschneller Strom; Gras und Kräuter verschwimmen, man erhält einen Begriff davon, wie es sein könnte, wenn man außerhalb der Erde stände und sähe diese sich drehen; es greift das Auge an, es lange in einer Richtung zu halten. Aber richtest du deinen Blick einige Ruten weiter fort, dann bewegen sich die Gegenstände nicht schneller, als wir sie sich bewegen sehen, wenn wir rasch fahren, und weiter hinaus gegen den Horizont scheint alles still zu stehen; man hat vollständig den Anblick und Gesamteindruck der Gegend.

Gerade so muß man durch ebene Länder reisen. Es scheint, als liege Stadt an Stadt; jetzt kommt eine, nun wieder eine; man kann sich recht den Flug der Zugvögel dabei vorstellen, so müssen auch sie die Städte hinter sich lassen. Die auf gewöhnliche Weise Fahrenden, welche man auf den Seitenwegen sieht, scheinen stillzuhalten, die Pferde vor dem Wagen heben die Füße, aber sie setzen sie scheinbar auf denselben Fleck nieder, und wir sind an ihnen vorbei.

Nikos Kazantzakis

Olympia

Alles in Griechenland, Berge, Flüsse, Meere, Ebenen ›werden vermenschlicht‹ und sprechen zum Menschen in einer fast menschlichen Sprache. Sie drücken ihn nicht nieder, sie quälen ihn nicht; sie werden zu Freunden und Mitarbeitern. Der dunkle, unartikulierte Schrei des Orients läutert sich, wird menschlich, wird Logos, wenn er in das Licht Griechenlands eintritt. Griechenland ist das Filter, das nach langem Kampf das Tier zum Menschen läuterte, das die orientalische Sklaverei in Freiheit und den barbarischen Rausch in nüchternes Denken verwandelte. Dem Gesichtslosen ein Antlitz zu geben, dem Maßlosen ein Maß, indem es die gegeneinander kämpfenden dunklen Mächte zum Gleichklang bringt: Das ist die Aufgabe des vielgequälten Erd- und Meeresteils, der Griechenland heißt.

Es ist eine wahre Freude, und es bereichert, Griechenland zu durchstreifen. So sehr ist die griechische Erde mit Tränen, Schweiß und Blut durchtränkt, so sehr waren die griechischen Berge in den Kampf mitverflochten, daß es einen schaudert, wenn man sich vorstellt, in diesen Bergen und an diesen Küsten wurde das Schicksal der weißen Rasse entschieden; das Schicksal des Menschen schlechthin. Sicherlich hat sich auch an einer dieser Küsten, die voll Anmut und spielerischem Reiz sind, das Wunder der Wandlung des Tieres in den Menschen vollzogen. An einer solchen griechischen Küste ist wohl eines Tages die orientalische Astarte gelandet, deren Leib – wie bei einer Sau – von vielen Brüsten strotzte. Die Griechen nahmen diesen barbarischen, grobbehauenen Götzen auf, befreiten ihn von dem Tierhaften, beließen ihm nur zwei menschliche Brüste und gaben ihm ein edles menschliches Aussehen. Die Griechen empfingen vom Orient den primitiven Instinkt, den Rausch der Orgie, den tierischen Schrei, die Astarte; und sie verwandelten den Instinkt in Eros, den Biß in den Kuß, die Orgie in religiösen Kult und den Schrei in ein Wort der Liebe. Aus Astarte wurde Aphrodite.

Eine geheimnisvolle Aufgabe und Verantwortung ergibt nicht nur die geographische, sondern auch die seelische Lage; zwei unaufhaltsame Strömungen prallen aufeinander im griechischen Festland und im griechischen Meer, und so kommt Griechenland geographisch und seelisch nicht zur Ruhe. Diese Lage beeinflußte von Grund auf das Schicksal Griechenlands und der Welt.

Ich nahm Witterung auf von Griechenland, ich schaute es mir an, berührte es, indem ich zu Fuß ging, ganz allein, mit einem Stock aus

Olivenholz und mit einem Rucksack. Und je mehr ich Griechenland in mich aufnahm, desto gewisser wurde ich, daß der verborgene Wesenskern des griechischen Festlandes und des griechischen Meeres die Musik ist. Jeden Augenblick verändert sich schwebend die griechische Landschaft; während sie dennoch dieselbe bleibt, läßt sie ihre Schönheit wogen, erneuert sie sich.

Sie besitzt die tiefe Einheit und gleichzeitig die ständig sich wandelnde Mannigfaltigkeit. Ist denn nicht auch der Rhythmus der antiken Kunst aus der liebe- und verständnisvollen Betrachtung und Gestaltung der Umwelt entstanden? Schaut euch ein griechisches Werk der großen klassischen Zeit an; es ist nicht unbewegt; ein unmerklicher Lebensschauer durchdringt es, spielt wie die Flügel des Habichts, wenn er hoch in der Luft stehenbleibt und uns unbeweglich erscheint. In gleicher Weise lebt auch die antike Statue, sie bewegt sich unmerklich, sie setzt die Tradition fort, bereitet die künftige Richtung der Kunst vor, bringt in einem unsterblichen Augenblick den dreifachen Fluß der Zeit ins Gleichgewicht.

Jede Landschaft haben die Griechen durch ihren Kampf geheiligt; sie haben sie einem hohen Begriff unterworfen, und dieser Begriff bildet nun ihren Wesenskern; sie verwandelten auch durch die Schönheit und die beherrschten Leidenschaften die Natur in Metaphysik; sie schoben die Kräuter beiseite, die Erde, die Steine, und fanden darunter in der Tiefe der Landschaft die taufrische Seele. Und dieser Seele gaben sie als Körper hier einen anmutigen Tempel, da einen Mythos und dort einen freudigen, einheimischen Gott. Viele Stunden schaute ich mir die heilige Landschaft von Olympia an. Adel, ruhige Konzentration, lachendes, gastliches Tal zwischen niedrigen, sanften Bergen, geschützt vor dem wilden Nordwind, dem sengenden Südwind, offen nur nach Westen, gegen das Meer, von wo ein frischer Wind durch die Schlucht des Alpheios aufsteigt. Es gibt keine Landschaft in Griechenland, die so süß und beständig zum Frieden und zur Versöhnung mahnt. Mit unfehlbarem Blick hatten die antiken Griechen sie erwählt, damit alle vier Jahre die griechischen Stämme verbrüdert dort zusammenkämen; und indem sie es auswählten, gaben sie Olympia einen tieferen Sinn und mehrten seinen Frieden und seinen versöhnenden Einfluß.

Windwolken am nahen Himmel

Was ich allen Bergsteigern wünsche: Einen Wandertag, an dem sich alle Wolkenspiele, alle Einzel-Geräusche, alle Bewegungen in der Brust zur Welt schließen. Einen Spaziergang über die Außenwelt in die Innenwelt.

Reinhold Messner

Jean Jacques Rousseau

Nachdem ich eine Zeitlang durch Wolken hindurchgeschritten war, gelangte ich in eine klare Höhe, von der aus man in der Zeit der Gewitter mit ansehen kann, wie es tief unter einem blitzt und wettert...
Hier erkannte ich allmählich in der Reinheit der Luft, die mich umgab, die wahre Ursache der Veränderung meiner Gemütsstimmung und der Rückkehr jenes innern Friedens, den ich schon seit so langer Zeit verloren hatte. Alle Menschen werden die Wahrnehmung machen, daß man auf hohen Bergen, wo die Luft rein und dünn ist, freier atmet und sich körperlich leichter und geistig heiterer fühlt. Mir dünkt, als nähmen die Gedanken einen Anflug von Größe und Erhabenheit an, stünden mit den Dingen, über die unser Blick schweift, in Einklang und atmeten eine gewisse ruhige Freude, die sich von allem Sinnlichen und von jeder Leidenschaft freizuhalten weiß. Es scheint, daß man, sobald man sich über die Wohnstätten der Menschen erhebt, alle niederen und irdischen Gefühle zu-

rückläßt und daß die Seele, je mehr sie sich den ätherischen Regionen nähert, etwas von ihrer ursprünglichen Reinheit zurückerhält. Wir sind ernst ohne Traurigkeit, still ohne Gleichgültigkeit, wir freuen uns unseres Daseins und sind froh: zu denken und zu empfinden... Alle allzu lebhaften Wünsche verlieren ihre scharfe Spitze, die sie schmerzhaft macht, und lassen nur im Grunde des Herzens eine sanfte, süße Bewegung zurück.

Horace-Bénédict de Saussure

Kurzer Bericht von einer Reise auf den Gipfel des Montblanc, 1787

Wir brauchten zwei Stunden, um von dem letzten Felsen bis zum Gipfel zu gelangen, und es war elf Uhr, als wir hinaufkamen.
Mein erster Blick war nach Chamonix, wo ich wußte, daß meine Frau und ihre beiden Schwestern, die Augen unverwandt durchs Fernrohr gerichtet, alle meine Schritte mit

einer vielleicht freudigen, aber darum nicht minder heftigen Unruhe verfolgten. Ich fühlte eine sanfte und trostvolle Bewegung, als ich die Fahne wehen sah, die sie mir in dem Augenblick aufzustecken versprochen hatten, wenn sie mich auf dem Gipfel sähen und ihre Besorgnis wenigstens unterbrochen wäre. Ich konnte also ohne Sorge das große Schauspiel genießen, das ich vor Augen hatte. Ein leichter Dunst, der in den niederen Gegenden der Luft schwebte, raubte mir zwar den Ausblick der tiefsten und entferntesten Einzelheiten, wie die Ebenen von Frankreich und der Lombardei; ich bedauerte aber diesen Verlust nicht sehr. Was ich gesehen hatte und mit der größten Klarheit sah, war die Gesamtheit aller dieser hohen Gipfel, deren Bau ich schon so lange zu kennen wünschte. Ich glaubte meinen Augen nicht, hielt es für einen Traum, als ich die majestätischen Gipfel, die fürchterlichen Hörner, den Midi, den Argentière, den Géant, deren unterste Teile schon so mühsam und gefährlich zu betreten waren, jetzt unter meinen Füßen sah. Ihre Lagen gegeneinander, ihre Verbindungen, ihr Bau waren mir jetzt deutlich, und ein einziger Blick beseitigte Zweifel, die Jahre der Arbeit nicht hatten aufklären können.

Heinrich Noë

Eine Bergbesteigung hat ein direktes Ziel, das du aber fast nie im Auge hast, denn während der ganzen Wanderung beschäftigen dich näher liegende Spitzen, Platten, Wände, und selten siehst du ohne Unterbrechung auf den von dir angestrebten Gipfel hin. Und wenn du ihn vorher siehst, so sei versichert, daß sich später wieder eine Menge Kulissen dazwischen schieben und daß sich noch Hindernisse zeigen werden. Da sind noch Joche zu überklettern, Wände zu umgehen, Felsenecken zu umbiegen ... bis dir die Sonne eine unter dem Gipfel ausgebreitete Welt zeigt.

Emile Javelle

Auf dem Gipfel des Tour Noire, 1876

Den Fuß auf einen Gipfel zu setzen, den noch kein Mensch betrat, das bedeutet noch etwas anderes als eine bloße Befriedigung des Ehrgeizes: Wie ein Dolch dringt euch die einzige Empfindung bis in tiefste Tiefen der Seele, daß seit den undenklichen Zeiten, da die Felsen in stolzer Nacktheit gen Himmel steigen, noch kein Mensch hierherkam, daß noch kein Aug' das sah, was euer Blick jetzt erschaut, daß eure Stimme zuerst durch die Stille tönt, die hier seit Anbeginn der Welt herrscht, und daß es euch vergönnt ist, euch, die der Zufall aus der großen Menge herausgegriffen hat, als die ersten Vertreter der Menschheit an dieser wilden Stätte zu erscheinen. Dann fühlt man sich wie mit einer göttlichen Sendung betraut, man empfindet den Augenblick als geweiht, da der Mensch an einem neuen Erdenfleck den Bund mit der Natur eingeht; und ich glaube, daß man überall, wo man mit Bewußtsein jungfräulichen Boden betritt, inmitten der Steppen Australiens nicht minder als auf den Höhen der Alpen, eine tiefe und ernste Bewegung verspüren wird.

Hermann Buhl

Als erster und allein auf dem Nanga Parbat, 1953

Der Fuß des Gipfelaufbaues ist erreicht. Über mir sehe ich einen Felsvorsprung, den höchsten erkennbaren Punkt. Dahinter muß der Gipfel sein. Wie weit noch? Hoffentlich reicht die Kraft bis dahin! Immerfort beschäftigt mich diese bange Frage. Ich kann mich nicht mehr aufrecht halten, ich bin nur noch das Wrack von einem Menschen. Auf allen vieren kriechend, komme ich nur langsam weiter, immer näher kommt dieser Felsvorsprung, dem ich voll banger Erwartung zustrebe.
Was ist dahinter?
Ich bin angenehm überrascht. Nur noch eine kleine Mulde, ein kurzer Schneehang, wenige Meter nur, es geht schon leichter ...

Und dann stehe ich auf dem höchsten Punkt dieses Berges, auf dem Gipfel des Nanga Parbat, 8125 Meter hoch.
Nirgends geht es mehr höher hinauf: Eine kleine ebene Schneefläche, zwei Höcker – und nach allen Seiten fällt das Gelände nur ab. Es ist sieben Uhr abends, als erster Mensch stehe ich nun hier, auf diesem Fleck, am Ziel meiner Wünsche! Doch nichts von berauschendem Glück, nichts von jauchzender Freude, nicht das erhebende Gefühl des Siegers verspüre ich in mir. Ich bin mir der Bedeutung dieses Augenblicks nicht im geringsten bewußt. Ich bin vollkommen fertig! Todmüde lasse ich mich in den Schnee fallen, stecke ganz automatisch, als ob ich dies schon trainiert hätte, den Pickel in den sturmgepreßten Schnee. Siebzehn Stunden war ich nun dauernd unterwegs, jeder Schritt war ein Kampf, eine unbeschreibliche Willensanstrengung.
...Von der kleinen Gipfelfläche fallen nach allen Seiten steile Flanken ungeheuer tief in die Täler ab. Sie entschwinden dem Auge völlig, und erst weit unten sieht man nach allen

Richtungen die schuttbedeckten Talgletscher hinausziehen. Man hat das Gefühl, über allem zu schweben, in keinem Zusammenhang mehr mit der Erde zu stehen, losgelöst von der Welt und der Menschheit zu sein. Ich komme mir vor wie auf einem winzigen Eiland inmitten eines riesigen Ozeans. Im Norden, in über hundert Kilometer Entfernung, verebben gewaltige Gebirge. Im Osten das gleiche Meer von ungezählten Gipfeln, eisbedeckt, unerstiegen, unerforscht – das ist der Himalaja. Doch ist es nur ein bescheidener Teil dieses mächtigen Gebirges, den ich von hier aus übersehen kann. Auch im Westen, so weit das Auge reicht, brandet ein Wall von Bergen, und nur der Süden fällt tief in eine schwarze, dunstige Ebene ab. Indien und Pakistan. Unmittelbar unter mir, wie eine Hügellandschaft, eine Kette von Fünftausendern. An den gerade noch schneebedeckten Kuppen kann man die Höhe erkennen, und darüber hinweg fällt weit in das Land hinein der mächtige Schatten der Pyramide, auf deren Spitze ich stehe.

Reinhold Messner

»Abenteuer« ist ein relativer Begriff, abhängig von der Leistungsgrenze und der eigenen Erfahrung. Für den einen ist der Everest wirklich der höchste Berg der Welt, für den anderen ist es der Rosengarten. Jeder findet seinen Everest. Für einen Seher kann eine Wanderung vom Fedaiasee in die Sellagruppe das bedeuten, was für Hermann Buhl der Aufstieg zum Nanga Parbat war.

Broad Peak

Am ersten Tag stiegen wir, einen Lagerplatz überspringend, bis in die Mitte des Westsporns hinauf. Vojkek Kurtyka und sein polnischer Freund stiegen gerade vom Gipfel ab. So im Vorbeigehen lud ich Voy zur Cho-Oyu-Expedition ein. Am zweiten Tag blieben wir auf 7100 Meter, um uns nicht zu überanstrengen. Am dritten Tag, es war kalt und windig, aber strahlend schön, wußten wir schon beim Anziehen, daß wir den Gipfel erreichen würden.

Knapp vor fünf Uhr brachen wir auf. Das erste Stück spurte ich, dann ging Shera voraus. Um neun Uhr standen wir in der Westscharte. Der Grat über uns war endlos: das Wetter so schön, daß der Himmel schwarz wirkte.
Im gleichmäßigen Rhythmus stieg nun wieder Sher Khan hinter mir her. Nazir Sabir folgte. Dieses Gehen – Innehalten – Gehen machte uns zu einer Einheit. Es war wie gemeinsames Wollen. Hoffen – auch Vergessenwollen. Gefahren waren im Augenblick wie ausgeklammert.
Auf dem Vorgipfel über der Westscharte warteten wir wieder aufeinander. Der Gipfel schien immer noch weit entfernt. Wie klar ich mich an den Bericht der Erstbesteiger erinnern konnte! Vor 25 Jahren hatten sie hier gestanden, den wenige Meter höheren Hauptgipfel gesehen und umkehren müssen. Schmuck, Wintersteller, Diemberger und Buhl waren bis ins Basislager abgestiegen, um neue Kräfte für den Aufstieg zum allerhöchsten Punkt zu sammeln. Nur mit dem Vorgipfel hatten sie sich nicht zufriedengegeben. Diese riesigen Schaumrollen aus Preß-

schnee! Diese Windwolken am nahen Himmel! In diesen Stunden glaubte ich meinen Augen, meinen Ohren, meinem Leben mehr als allen Philosophien und Religionen der Welt.

Es war noch Vormittag. Der Grat war nahezu flach. Ich war zwar müde, hätte aber nicht einfach aufhören können, ohne am Gipfel gewesen zu sein.

Die Vorstellung, jetzt – wie sie sich oft auch in meine Träume schleicht – zu verschwinden, mich nach vielen Jahren des Weiterziehens in der Ferne und in der Zeit aufzulösen! Diese wachsende Lust, immer weiterzugehen, rund um die Welt...

Everest solo, 1980

In der äußersten Grenzsituation liegt etwas Traumähnliches. Das Gefühl, sich außerhalb des eigenen Körpers zu befinden, diesem Körper zuzusehen, wie er alle Bewegungen traumwandlerisch sicher ausführt, war mir inzwischen wohlbekannt. Ich konnte beobachten, was ich tat, und wußte gleichzeitig, was ich tun mußte. Zu wissen, was der eigene Doppelgänger macht, und gleichzeitig dieser Doppelgänger zu sein, gehört zu den stärksten Eindrücken meines Lebens.

Heimat – Unterwegssein

Es ist immer schmerzlich, einen Ort zu verlassen, wenn man weiß, daß man nie zurückkehren wird. Das gehört zu jenen Melancholien, die vielleicht der Reisen beste Frucht sind.

Gustave Flaubert

Gaius Plinius Secundus

Ausflug zum Lago di Bassanello, um 100 n. Chr.

Wir pflegen Reisen zu unternehmen, das Meer zu durchschiffen, um Dinge kennenzulernen, denen wir, wenn sie uns vor Augen liegen, keine Beachtung schenken, sei es, weil es unserer Natur eigen ist, gegen das Nächstliegende gleichgültig zu sein und nur auf das Entfernte unseren Sinn zu richten, sei es, weil die Begierde nach allem, wozu die Gelegenheit leicht ist, erkaltet oder weil wir immer hinausschieben, was wir sehen können, sooft wir wollen, als könnten wir es noch oft genug sehen.

Gleichviel worin der Grund hiervon liegen mag; es gibt sehr vieles in unserer Stadt und in deren Umgebung, das uns weder vom Sehen noch vom Hörensagen her bekannt ist. Hätte Ägypten, Asien oder irgendein anderes an Wundererscheinungen reiches Land es hervorgebracht, längst hätten wir davon gehört, darüber gelesen und es durchreist. Ich selbst wenigstens habe erst kürzlich etwas gesehen,

wovon ich bisher nichts gewußt. Mein Großschwiegervater hatte mich eingeladen, seine Landgüter bei Ameria [Amelia im ehemaligen Kirchenstaate] zu besichtigen.
Als ich in diesen umherwandelte, zeigte man mir den tief unten liegenden See – sein Name ist Vadimon [jetzt Lago di Bassanello] – und erzählte mir zugleich einige ans Unglaubliche grenzende Dinge. Hierauf wanderte ich selbst hinab. Der See gleicht in seinen Umrissen einem liegenden Rade, er ist vollkommen rund: keine Bucht, keine Krümmung, alles abgemessen, gleichmäßig und wie von eines Künstlers Hand angelegt. Seine Farbe spielt zwischen hellblau und dunkelgrün; Geruch und Geschmack sind schwefelartig. Das Wasser besitzt die Kraft, Zerbrochenes wieder ganz zu machen. Sein Umfang ist nur mäßig, doch ist er der Einwirkung der Winde ausgesetzt und wirft Wellen.
Ein Schiff befindet sich nicht darauf – denn er ist heilig –, allein es schwimmen darin grastragende Inseln, sämtlich mit Rohr und Binsen bestanden und was sonst noch der fruchtbare, sumpfige Boden und die Ufer des Sees

erzeugen. Jede Insel hat ihre eigentümliche Gestalt und Größe; bei allen ist der Rand kahl, weil sie häufig entweder an das Ufer oder gegeneinander stoßen und sich so abscheuern.
Zuweilen, wenn sie sich dicht aneinanderschließen, sehen sie wie festes Land aus. Manchmal werden sie von Windwirbeln auseinandergetrieben; dann wieder schwimmen sie bei Windstille einzeln umher.
Die Weidetiere betreten oft, wenn sie dem Grase nachgehen, diese Inseln, in der Meinung, sie gehörten noch zum Ufer, und bemerken nicht eher, daß der Boden beweglich ist, als bis sie, vom Ufer weggetragen, in Schrecken geraten, gerade als hätte man sie unvermutet in die Inseln hineingestellt.

Ludwig Richter

Eine Reise soll eigentlich eine Entpuppung zuwegebringen. Die kranken und fremden Hüllen und Häute sollen fallen und der Kern sich wieder zeigen.

Ludwig Emil Grimm

In der Fremde

Morgens – die Sonne war noch lange nicht auf – war der Wagen gepackt und die Pässe in Ordnung; da stieg ich noch einmal auf die Platte unseres großen Gasthauses und besah mir zum letztenmal das Panorama dieser paradiesischen Gegend, die Orte, Inseln, wo wir all gewesen. Man sah noch helleuchtende Sterne am dunkelblauen Himmel, nur nach Osten erhellte sich etwas; das Meer lag jetzt ruhig vor mir, und eine angenehm kühlende Luft kam mir vom nahen Meer entgegen. Wie wundervoll märchenhaft alles! Hier waren keine scharfen Winde, kein ewiges Regenwetter, keine trüben Tage wie bei uns, wie wunderschön war es in Italien – und doch dachte ich mit innigster Freude und Herzklopfen an mein geliebtes Vaterland, an mein teures Hessenland! Meinen blühenden Frühling, den Gesang der Vögel, meine Eichen- und Buchenwälder, Veilchen, Mai- und Schlüsselblumen, meine Wiesen, Berge und Täler hätte ich nicht geben und auf immer verlassen mögen um all dies ganze Paradies voll Schönheit! Ja, es ist nichts schöner auf der Welt als das Vaterland!

Friedrich Hölderlin

Die Heimat

Froh kehrt der Schiffer heim an den stillen Strom,
Von Inseln fernher, wenn er geerntet hat;
So auch käm ich zur Heimat, hätt' ich
Güter so viele wie Leid geerntet.

Ihr teuern Ufer, die mich erzogen einst,
Stillt ihr der Liebe Leiden, versprecht ihr mir,
Ihr Wälder meiner Jugend, wenn ich
Komme, die Ruhe noch einmal wieder?

Am kühlen Bache, wo ich der Wellen Spiel,
Am Strome, wo ich gleiten die Schiffe sah,
Dort bin ich bald; euch, traute Berge,
Die mich behüteten einst, der Heimat

Verehrte sichre Grenzen, der Mutter Haus
Und liebender Geschwister Umarmungen

Begrüß ich bald, und ihr umschließt mich,
Daß, wie in Banden, das Herz mir heile,
Ihr treu gebliebenen! ...

Hans Christian Andersen

Der erste Augenblick der Heimkehr ist das Bukett der ganzen Reise.

Bogumil Goltz

Die Fremde gibt uns erst die Heimat ganz

Die Heimat übt erst am Gegensatz der Fremde den vollen Reiz auf das menschliche Gemüt. – Die Formen und Prozesse des Daseins, mit denen wir alle Tage verkehren, lassen uns gleichgültig und wiegen zuletzt unsere innern und äußern Sinne in Schlaf – bis sie ein fremder Himmel, eine nie gesehene Natur und Menschenwelt zu neuem Dasein erweckt und wir durch den Vergleich und Kontrast die heimatliche, die uns von Kindesbeinen zugebildete und zugewöhnte Welt von Herzen und mit Schmerzen verstehen! ... Wie wir also außerhalb des Elternhauses ... die Geliebte zu suchen gehen, wie wir in der Fremde unser Handwerk oder unsere Kunst und Wissenschaft, wie wir in weiter Ferne unser Vaterland, unsere Sprache, die Menschheit und unser ganzes Herz erst recht verstehen, so begreifen und erkennen wir auch, unter einem andern Himmel, an seinen Wettern, in fremden Jahres- und Tageszeiten die göttliche, die übernatürliche Bilderschrift, die volle Schönheit und Bedeutung, die Seele der heimischen Natur... und fortan geschieht es, daß wir in ehelicher Liebe und Treue mit ihr stehen.

Conrad Ferdinand Meyer

Der Reisebecher

Gestern fand ich, räumend eines langvergeßnen Schrankes Fächer,
Den vom Vater mir vererbten, meinen ersten Reisebecher.
Währenddess' ich, leise singend, reinigt ihn vom Staub der Jahre,

War's als höbe mir ein Bergwind aus der Stirn die grauen Haare,
War's, als dufteten die Matten, drein ich schlummernd lag versunken,
War's, als rauschten alle Quellen, draus ich wandernd einst getrunken.

Reisesegen

Du slâfest oder wachest
im holze oder dache,
Dîne vînde werden genideret,
Got sende dich gesund herwidere
mit vil rechtem muote
zu Dînem eigenen guote.
Gesegnet sî Dir der wec
über strâze und über stec.

Justus Möser

Land! Land!

Wer nie auf dem Meere eine längere Reise gemacht, wer nicht die große gewaltige Abgeschlossenheit von der lebendigen Welt gefühlt und noch nicht tagelang schwankend auf dem trüglichsten Elemente nur den Himmel über sich, und des Himmels Trugbild – das Meer mit seinen leichenbegierigen Ungeheuern unter sich gesehen, wem die furchtbaren hungrigen Zungen der Sturmwoge noch nicht den Leib geleckt, und wem die düstre Wolkensturmglut noch nicht ins Auge geleuchtet hat, der kann die Wonne des Seefahrers nicht ermessen, wenn es vom Mastkorbe herunterschallt: Land! Land!

Max Dauthendey

Endziel Heimat

Aber die Heimat stand mir bei allen Reisen immer wieder als Endziel vor Augen. Und die Heimat gab mir die Verinnerlichung und die rechte Lebensandacht. Nur auf den Wegen, auf denen man in der Jugend gewandert, kann man im Mannesalter aus dem Chaos der Eindrücke das Hauptsächliche vom Nebensächlichen trennen, das Wichtige vom Un-

wichtigen, und die künstlerische Linie eines jeden in der Fremde erlebten Eindrucks finden. Die Heimat mit ihrer ernsten und von den besten jugendlichen Vorsätzen durchwärmten Sonnenluft verbrennt die unnützen Stoffe, deren Wichtigkeit und Unwichtigkeit man in der Fremde nur schwer unterscheiden kann. Man baut auf dem Jugendboden, auf dem man geboren, auf dem man aus dem Unergründlichen, aus dem Unendlichen zur Endlichkeit, sich einst selbst geschaffen hat, am fruchtbringendsten und sichersten das weitere Leben auf, nachdem man sich aus der Fremde genügend Weisheit geholt hat...
Auf dem Hinweg beim Bronzedenkmal des mächtigen Löwen von Belfort war an einer Straßenecke in der frühen Morgenstunde ein Geflügelmarkt. In Holzkäfigen eingepfercht, steckten die Hähne und die Hennen ihre roten Kämme zwischen den Gitterstäben durch, und einige Hähne krähten im Sonnenschein. Beim Anblick und bei dem Geruch der Hühner und beim gewaltigen und doch melodischen Krähen der Hähne tauchten die Würzburger Heimatberge vor mir auf. Und es war

mir, als müßte um die Straßenecke der Weg nicht zum Park Montsouris, sondern zu jenem Gutshof führen, wo ich in meiner Kindheit mit meiner Mutter zusammen die ersten Hahnenschreie gehört hatte, wo ich zum erstenmal Korn und Klee hatte wachsen sehen, wo meine Mutter dann gestorben war und mir die Mutter Erde als ihre Stellvertreterin hinterlassen hatte. Dort in der Ferne bei den Hecken, dort bei Steinbruch und Hügeln, am Kleeacker und am Kornfeld, wo ich als mutterloses Kind gewandert war, fehlte mir meine verstorbene Mutter nie. Die warme Güte der Äcker, die immer am selben Fleck stillstehenden alten Bäume, die nur ihren Schatten ein wenig wandern ließen, weiche taumelnde Schmetterlinge und summend arbeitende Bienen, gütig duftende Kräutlein, reifende kleine Erdbeeren und reifende Brombeeren, die Lerchen am blauen Himmel, die Finken und Ammern im Gebüsch, die Schnecken am Weg und die weißen Sommerwolken über den Baumkronen am Himmel, die Ameisen, die über meine Stiefelspitzen liefen, die knallende Peitsche des pflügenden Bauern, die wiehernden Pferde im Acker – sie alle waren mir Liebkosungen der Mutter Erde. Sie waren meinem Lebenssinn erquickend und festlich. Im Sonnenschein, im Regen, im Wind, im Gewitter, in allen Stunden und in allen Wandlungen aller Jahreszeiten war es mir auf dem Heimatberg, als hätte ich in allen Natureindrücken Hunderte von Müttern gefunden, die lieb und zutraulich mit mir plauderten, mit mir spielten, mich belehrten, mir die Zeit vertrieben und mir Lebenslust gaben. Und bei jenem Hahnenschrei, dem ich in Paris an jenem Morgen bei den hohen Weltstadthäusern nachhorchte, riefen jetzt alle diese hundert Mütter vom Heimatberg aus der Ferne her. Deutlich wie die Sonne in jenem Augenblick über Paris und Würzburg zugleich leuchtete, so deutlich sah ich durch jenen Hahnenschrei von Paris nach Würzburg, von meinen Mannesjahren zu meinen Jugendjahren zurück. Und ein tiefes Heimweh wurde mir zum erstenmal bewußt.

Knut Hamsun

In der transsibirischen Eisenbahn

Meine Reisegefährten sind noch nicht auf. Wir fahren durch flaches Wiesenland, durchqueren Sümpfe, Roggenfelder. Hier und da Laubwald über die Ebene verstreut, Birken und Erlen, ganz wie daheim, und Vögel in den Bäumen. In einer Kiesgrube arbeiten Männer und Frauen mit Hacke und Spaten. Das sind also Slawen, denke ich, sehe aber nicht, daß sie sich anders gebärden als Germanen. Sie sind ebenso gekleidet wie wir und sind ebenso fleißig, sie blicken nur einige Sekunden mit blauen Augen dem Zuge nach, dann arbeiten sie weiter. Wir passieren eine Ziegelei, wo man gerade Steine zum Trocknen an die Sonne legt. Auch hier arbeiten die Leute gleich unverdrossen, und ich sehe keinen Aufseher mit der Knute in der Hand.

Das ganze Land liegt weit und offen. Zur Linken ist Wald, ein Pfad schneidet in den Wald hinein, und da geht ein Mann. Es liegt etwas so Heimisches in diesem Bild, ich bin lange von daheim weggewesen und sehe es mit Freude. Der Pfad ist halb zugewachsen, und der Mann, der dort geht, trägt einen Sack auf dem Rücken. Wo mag der wohl so früh am Morgen hinwollen? denke ich; er hat wohl jenseits des Walds etwas zu tun. Er stappelt so ganz gemächlich und ruhig vorwärts, dann sehe ich ihn nicht mehr.

Nun wieder eine weite Ebene, auf der eine Herde grast. Der Hirt stützt sich auf seinen langen Stab und sieht uns nach, er ist mit einem Schaffell bekleidet, trotz des warmen Regens. Es ist ein alter Mann, ich sehe ihm gerade ins Gesicht und winke ihm von der Plattform aus zu, aber er beantwortet meinen Gruß nicht. Der Mann ist vielleicht ebenso glücklich wie wir. Was er braucht, ist ein wenig Essen, ein paar Kleidungsstücke und ein Heiligenbild; aber das bißchen Stimmrecht im Dorf ist ihm wohl das Teuerste auf der Welt. Möcht' wissen, ob er später mal wieder an den Reisenden denken wird, der ihm einmal vom Zuge aus zugewinkt hat, so wie ich jetzt hier sitze und an ihn denke.

Nach fünfzehnstündiger Fahrt steht meine Reisegesellschaft endlich auf. Wir sind in Moskau.

Ephraim Kishon

Reiselust

Auslandsreisen gehören schon deshalb zu den Freuden des Bürgers, weil sie ihm immer wieder, immer aufs neue die unbeschreiblichen Wonnen der Heimkehr vermitteln.

Karl Julius Weber

In der Tat, was hätte man vom Reisen, wenn man nicht zurückkäme?

A. E. Johann

Gewiß, man hat Pläne, hat Absichten und Aufgaben; aber wenn man ganz ehrlich sein will, so muß man bekennen, daß es sich dabei nur um Vorwände handelt; Vorwände, um die drängende Sehnsucht zu maskieren, abermals eine noch nie befahrene Straße unter den Rädern singen zu hören, dunklen Horizonten zuzurollen, hinter denen sich – vielleicht! – das Unwahrscheinliche verbirgt; den Glanz und die Schrecken einer neuen, ungeahnten Fremde bestehen und begreifen zu müssen – und sie dann hinter sich zu lassen. Denn die Parole heißt: Weiter, weiter, die Erde ist riesengroß – und sie ist rund! Auf einer Kugel aber gibt es keine Grenze und nie ein Ende. Man braucht nicht umzukehren, wenn man es nicht will. Heimat ist, wo ich meinen Hut an den Nagel hängen und mein Auto unterstellen kann. Heimat ist, unterwegs zu sein! –

Bilder aus Eden

Das ist just das Schönste, wenn wir so frühmorgens heraustreten und die Zugvögel hoch über uns fortziehen, daß wir gar nicht wissen, welcher Schornstein heut für uns raucht, und gar nicht voraussehen, was uns bis zum Abend noch für ein besonderes Glück begegnen kann.

Joseph Freiherr von Eichendorff

Johann Wolfgang von Goethe

Zweite Alpenreise

Chamonix, den 4. November 1779. Wir ließen Sallanches in einem schönen, offenen Tal hinter uns. Der Himmel hatte sich während unserer Mittagsrast mit weißen Schäfchen überzogen, von denen ich hier eine besondere Anmerkung machen muß: Wir haben sie so schön und noch schöner an einem heiteren Tag von den Berner Eisbergen aufsteigen sehen; auch hier schien es uns wieder so, als wenn die Sonne die leisesten Ausdünstungen von den höchsten Schneegebirgen gegen sich aufzöge und diese ganz feinen Dünste von einer leichten Luft, wie eine Schaumrolle, durch die Atmosphäre gekämmt würden. Ich erinnere mich nie, in den höchsten Sommertagen bei uns, wo dergleichen ähnliche Lufterscheinungen vorfallen, etwas so Durchsichtiges, Leichtgewobenes gesehen zu haben.

Schon sahen wir die Schneegebirge, von denen sie aufstiegen, vor uns, das Tal fing an zu stocken, die Arve schoß aus der Felskluft hervor, wir mußten einen Berg hinan und wandten uns, die Schneegebirge rechts vor uns, immer höher. Abwechselnde Berge, alte Fichtenwälder zeigten sich uns rechts, teils in der Tiefe, teils uns gleich. Links über uns waren die Gipfel des Bergs kahl und spitzig. Wir fühlten, daß wir einem stärkern und mächtigern Satz von Bergen immer näher rückten. Wir kamen über ein bereits trockenes Bett von Kieseln und Steinen, das die Wasserfluten die Länge des Berges hinab zerreißen und wieder füllen. Von da in ein sehr angenehmes, flaches Tal, worin das Dörfchen Servoz liegt; von da geht der Weg um einige sehr bunte Felsen wieder gegen die Arve. Wenn man über sie weg ist, steigt man einen Berg hinan; die Massen werden hier immer größer, die Natur hat hier mit sachter Hand das Ungeheure zu bereiten angefangen.

Es wurde dunkler, wir kamen dem Tale Chamonix näher und endlich darein. Nur die großen Massen waren uns sichtbar; die Sterne gingen nacheinander auf, und wir bemerkten über den Gipfeln der Berge, rechts vor uns, ein Licht, das wir nicht erklären konnten. Ohne Glanz wie die Milchstraße, doch dichter, fast wie die Plejaden, nur größer, unterhielt es lang unsere Aufmerksamkeit, bis es endlich, da wir unsern Standpunkt änderten, wie eine Pyramide, von einem inneren, geheimnisvollen Licht durchzogen, das dem Schein eines Johanniswurms am besten verglichen werden kann, über den Gipfeln aller Berge hervorragte und uns gewiß machte, daß es der Gipfel des Montblanc war.

Es war die Schönheit dieses Anblicks ganz außerordentlich, denn, da er mit den Sternen, die um ihn herumstanden, zwar nicht in gleich raschem Licht, doch in einer breiten, zusammenhängenden Masse leuchtete, so schien er den Augen zu jener höheren Sphäre zu gehören, und man hatte Mühe, in Gedanken seine Wurzeln wieder an der Erde zu befestigen. Vor ihm sahen wir eine Reihe von Schneegebirgen dämmernder auf dem Rükken von schwarzen Fichtenbergen liegen, wir sahen ungeheure Gletscher zwischen den schwarzen Wäldern herunter ins Tal steigen.

Hans Christian Andersen

Wir fuhren nachts in hellstem Mondschein auf einer wilden, romantischen Straße dahin, einer der schönsten, die ich gesehen habe, einem Naturgemälde, wie selbst die Phantasie eines Salvator Rosa es nicht auf der Leinwand hätte gestalten können. Ich habe einen Eindruck davon mitgenommen wie von einem schönen Traum mitten in einer Schmerzensnacht.

Johann Gottfried Seume

Auf dem Spaziergang nach Syrakus, 1802
Vom Ätna aus

Indem wir aßen, genossen wir das schönste Schauspiel, das vielleicht das Auge eines Menschen genießen kann. Der Himmel war fast ganz hell, und nur hinter uns über dem Simäthus hingen einige kleine lichte Wölkchen. Die Sonne stand schon ziemlich hoch an der Küste Kalabriens, die See war glänzend. Da zeigten sich zuerst hier und da einige kleine Fleckchen auf dem Meere, links vor

Taormina, die fast wie Inselchen aussahen. Unsere Führer sagten uns sogleich, was folgen würde. Die Flecken wurden zusehends größer, bildeten flockige Nebelwolken und breiteten sich aus und flossen zusammen. Keine morganische Fee kann eine solche Farbenglut und solchen Wechsel haben, als die Nebel von Moment zu Moment annahmen. Es schoß in die Höhe und glich einem Walde mit den dichtesten Bäumen von den sonderbarsten Gestalten, war hier gedrängter und dunkler, dort dünner und heller, und die Sonne schien in einem noch ziemlich kleinen Winkel auf das Gewebe hinab, das schnell die ganze nördliche Küste deckte und das wir hier tief unter uns sahen. Der Glutstrom fing an die Schluchten der Berge zu füllen, und hinter uns lag das Tal Enna mit seiner ganzen Schönheit in einem unnennbaren Halblichte, so daß wir nur noch den See von Lentini als ein helles Fleckchen sahen. Dieses alles und die Bildung des himmlischen Gemäldes an der Nordostseite war das Werk einer kleinen Viertelstunde. Ich werde eine so geschmückte Szene wahrscheinlich in meinem Leben nicht wiedersehen. Sie ist nur hier zu treffen und auch hier sehr selten; die Führer priesen uns und sogar sich selbst deswegen glücklich.

Ludwig Tieck

Die erste Reise hat viel Ähnlichkeit mit der ersten Liebe, und, um im Bilde zu bleiben, so geschah in den gesegneten Fluren Frankens das Geständnis zwischen mir und der Natur. Man reiset auch nachher wieder, man ist wieder entzückt, man sieht und lernt, und kann wahrhaft glücklich sein, aber jener erste Jugendzauber ist doch auf immer entflogen.

Adalbert Stifter

An Gustav Heckenast

Linz, 20. Juli 1857

Mein Sehnen seit vielen Jahren ist in Erfüllung gegangen: *ich habe das Meer gesehen.* Ich kann Ihnen mit Worten nicht beschreiben, wie groß die Empfindung war, welche ich hatte. Alle Dinge, welche ich bisher von der Erde gesehen hatte, Alpen, Wälder, Ebenen, Gletscher usw. versinken zu Kleinlichkeiten gegen die Erhabenheit des Meeres. Ich wußte nicht, wie mir geschah. Ich hatte eine so tiefe Empfindung, wie ich sie nie in meinem Leben gegenüber Naturdingen gehabt hatte. Zwei Stunden des frühen Morgens am zwanzigsten Juni blieb ich auf einem Hügel bei Opschina sitzen, und sah auf das tief unter meinen Füßen liegende Meer. Wie groß ist Gott, wie herrlich ist seine Welt! Ich werde Ihnen mündlich sehr viel sagen, das Papier ist zu jeder Mitteilung zu klein. Auch die nächsten Tage oft stundenlang hart am Strande des Meeres stehend, konnte ich nicht satt werden, dasselbe zu betrachten. Ich hatte nicht geahnt, daß das Meer so *lieblich sein* könne. Jeden Tag, jede Stunde war es anders und immer herrlich. In Farben wie lichter Smaragd, wie leuchtender Azur, wie tiefes Ultramarin, ja wie ein Panzer mit lauter Silberschuppen spielte es vor mir, je nachdem die Sonne es streifte, eine mit Wolken gestickte oder ganz reine Kuppel über ihm stand, je nachdem der

Himmel am Morgen in tiefer Bläue ruhte oder am Nachmittage in fast weißer Hitze glühte. Am einundzwanzigsten nachmittags sah ich ein Gewitter im Westen aus dem Meere emporsteigen. Die Wolken standen senkrecht auf ihm, es erschien wie ein Riesensee, und die Wolken wie schwindelnd hohe Berge, die an seinem fernen Rande emporragen. Wie in jeder andern Lage glaubte ich auch wieder, in dieser sei das Meer am schönsten. Ich wohnte im Hotel de la ville gerade auf die Reede hinaus. Bei dreihundert Schiffe lagen vor mir. Gegen acht Uhr begann das Blitzen, welches sich spiegelte, daß oft Himmel und Meer ein einziges Feuer waren, und die Unzahl der Schiffe einen Augenblick im Leeren hing. Dabei war atemlose Stille. Um elf Uhr kam der Sturm, und das Gewitter war über unsern Häuptern. Leider konnte ich der Finsternis halber das Schäumen des Meeres nicht sehen, sondern nur hören. Ebenso hörten wir das Rufen der Schiffleute in den Tauen, das zeitweilige Läuten von Schiffglocken, das Rasseln der Ketten der herabgelassenen Notanker und mitunter einen Kanonenschuß.

Joachim Ringelnatz

Aneinander vorbei

Vom Speisewagen
Durch's Land getragen,
Siehst du Dörfer, Felder, Katz' und Küh'.
Angenommen, daß dir das Menü
Nichts kann sagen.

Irgendwo: Zwei Barfußmädchen winken.
Wissen selber nicht, warum sie's tun,
Lassen ihre arbeitsharten Hände
Für Momente ruhn.

Wissen nicht, daß deine Hände sinken,
Winken,
Grüßen
In den ganzen langen Zug hinein,
Ahnen nicht, daß du die Scholle sein
Möchtest unter ihren schmutzgen Füßen.

Angelangt, ergibst du mittelgroß
Dich der Höflichkeit, dem Stande und dem Gelde.
Nachts im Bette träumst du hoffnungslos
Von den beiden Mädchen auf dem Felde.

Erhart Kästner

Auf dem Weg zum Berg Athos, 1956

Wir durchliefen den Ölberg, gingen sein Viereck auf dem niederen Mauerkranz aus, standen lang, lang unter den nicht geheueren Zypressen. Eigentlich war es das Mondlicht, was in diesem Geviert am stärksten anwesend war, Milchflut, die von den Zypressen rann, troff und rollte wie Tropfen von Vogelgefieder. Flutende Flut, man spürte sie rinnen und ziehen durch Augen und Ohren und alles. Ohne Worte darüber zu wechseln, wußten wir, daß hier irgend etwas weit über das Schöne anwesend war. Hier war, was man eigentlich brauchte.

Aber was war es? War hier irgendwann einmal etwas geschehen, was noch verweilte, zögernd, ehe es wieder verflog, und noch half? Hatte hier einer sein Leben in solcher Einsamkeit und Entzückung gelebt, daß es die Ölbäume erinnernd, die Zypressen denkend behielten? In so gelöschter Entzückung, daß etwas vom ausgeglühten Reinen immer noch anwesend war? Vom Gelungenen eines nicht

wie gewöhnlich abgefundenen, zu halbem Preis abgegebenen Lebens?
Eines Lebens, so durchgehalten, wie es mit achtzehn gemeint war? Eines Lebens, das sich so leer gemacht hatte, daß es in jedem Augenblick bereit war, aus dem Anderen, der Fülle zu leben? So aufgehalten, so schwach, so hingewölbt und geöffnet, daß es ansog, was einfallen wollte? Eines Lebens, das unter dem schrecklichen Drucke der Einsamkeit aufging wie eine Cereusblüte unter dem Muskel ihrer Gelenke, den die Nachtstunde, ihre gekommene Stunde, gegen alle Widerstände erzwang? Was war denn? Ich weiß nicht. Auf jeden Fall etwas wie das Hinausgehen auf eine Altane: ah, Nachtluft! ah, Sterne. Auf jeden Fall Austritt ins Freie. In jedem Falle Wunderbares, um dessentwillen man von jeher auf Wanderschaft ging...

Friedrich Hölderlin

Der Eremit in Griechenland

Und wenn ich oft des Morgens auf den Gipfel des Gebirgs stieg, durch die schlafenden Blumen, aber vom süßen Schlummer gesättigt, neben mir die lieben Vögel aus dem Busche flogen, und die regere Luft nun schon die Gebete der Täler, die Stimmen der Herde und die Töne der Morgenglocken herauftrug, und jetzt das hohe Licht, das göttlichheitre den gewohnten Pfad daherkam, die Erde bezaubernd mit unsterblichem Leben, daß ihr Herz erwärmt' und all ihre Kinder wieder sich fühlten – o wie der Mond, der noch am Himmel blieb, die Lust des Tags zu teilen, so stand ich Einsamer dann auch über den Ebnen und weinte Liebestränen zu den Ufern hinab und den glänzenden Gewässern und konnte lange das Auge nicht wenden.

Reiseidyllen und -grotesken

Eine Reise ist für mich immer ein Maskenballfest der Seele!

Ludwig Börne

Wolfgang Amadeus Mozart

Munic ce 8 de 9bre 1780

Mon trés cher Pére!
Glücklich und vergnügt war meine Ankunft! – glücklich, weil uns auf der Reise nichts widriges zugestossen, und vergnügt, weil wir kaum den Augenblick, an ort und Ende zu kommen, erwarten konnten, wegen der obwohl kurzen doch sehr beschwerlichen Reise; – denn, ich versichere Sie, daß keinem von uns möglich war nur eine Minute die Nacht durch zu schlaffen – dieser Wagen stößt einem doch die Seele heraus! – und die Sitze! – hart wie stein! – von Wasserburg aus glaubte ich in der that meinen Hintern nicht ganz nach München bringen zu können! – er war ganz schwierig – und vermuthlich feüer Roth – zwey ganze Posten fuhr ich die Hände auf dem Polster gestützt, und den Hintern in lüften haltend –x– doch genug davon, das ist nun schon vorbey! – aber zur Regel wird es mir seyn, lieber zu fus zu gehen, als in einem Postwagen zu fahren.

Heinrich Heine

Harzreise, 1826

Wir nahmen freundlich Abschied, und fröhlich stieg ich den Berg hinauf. Bald empfing mich eine Waldung himmelhoher Tannen; auf den Zweigen kletterten Eichhörnchen, und unter ihnen spazierten gelbe Hirsche. Allerliebst schossen die goldenen Sonnenlichter durch das dichte Tannengrün. Eine natürliche Treppe bildeten die Baumwurzeln. Überall schwellende Moosbänke; denn die Steine sind fußhoch von den schönsten Moosarten, wie mit hellgrünen Samtpolstern, bewachsen. Liebliche Kühle und träumerisches Quellengemurmel. Hier und da sieht man, wie das Wasser unter den Steinen silberhell hinrieselt und die nackten Baumwurzeln und Fasern bespült. Wenn man sich nach diesem Treiben hinabbeugt, so belauscht man gleichsam die geheime Bildungsgeschichte der Pflanzen und das ruhige Herzklopfen des Berges. An manchen Orten sprudelt das Wasser aus den Steinen und Wurzeln stärker hervor und bildet kleine Kaskaden. Da läßt sich gut sitzen.

Es murmelt und rauscht so wunderbar, die Vögel singen abgebrochene Sehnsuchtslaute, die Bäume flüstern wie mit tausend Mädchenzungen, wie mit tausend Mädchenaugen schauen uns an die seltsamen Bergblumen, sie strecken nach uns aus die wundersam breiten, drollig gezackten Blätter, spielend flimmern hin und her die lustigen Sonnenstrahlen, die sinnigen Kräutlein erzählen sich grüne Märchen, es ist alles wie verzaubert, es wird immer heimlicher und heimlicher, ein uralter Traum wird lebendig, die Geliebte erscheint – ach, daß sie so schnell wieder verschwindet! – Je höher man den Berg hinaufsteigt, desto kürzer, zwerghafter werden die Tannen, sie scheinen immer mehr und mehr zusammenzuschrumpfen, bis nur Heidelbeer- und Rotbeersträuche und Bergkräuter übrigbleiben. Da wird es auch schon fühlbar kälter. Die wunderlichen Gruppen der Granitblöcke werden hier erst recht sichtbar; diese sind oft von erstaunlicher Größe. Es mögen wohl die Spielbälle sein, die sich die bösen Geister einander zuwerfen in der Walpurgisnacht, wenn hier die Hexen auf Besenstielen

und Mistgabeln einhergeritten kommen und die abenteuerlich verruchte Lust beginnt, wie die glaubhafte Amme es erzählt und wie es zu schauen ist auf den hübschen Faustbildern des Meisters Retzsch.
In der Tat, wenn man die obere Hälfte des Brockens besteigt, kann man sich nicht erwehren, an die ergötzlichen Blocksberggeschichten zu denken, und besonders an die große, mystische deutsche Nationaltragödie vom Doktor Faust. Mir war immer, als ob der Pferdefuß neben mir hinaufkletterte und jemand humoristisch Atem schöpfe. Und ich glaube, auch Mephisto muß mit Mühe Atem holen, wenn er seinen Lieblingsberg ersteigt; es ist ein äußerst erschöpfender Weg, und ich war froh, als ich endlich das langersehnte Brockenhaus zu Gesicht bekam...

Adolf Freiherr von Knigge

Hat man große Tagesreisen zu Fuß zu machen, so genieße man früh morgens nichts als ein Glas Wasser. Hat man dann einige Stunden zurückgelegt und fühlt sich ermüdet, so ist Kaffee und Brot zur Erquickung heilsam. Selten ein Glas Wein kann auch nicht schaden; Branntwein macht müde und schlaff. Macht man den Weg durch einen unbekannten Wald und denkt binnen ein oder zwei Tagen wieder zurückzukehren, so streue man hie und da abgerissene Zweige auf seinen Pfad, um danach den Weg wiederzufinden. Man gehe nie ohne Gewehr, wenigstens nie ohne Stock.

Wilhelm Busch

Wie viele von den internationalen reichen Leuten können uns nicht begreifen, die wir an einem Orte festsitzen und nicht bald hier, bald dort umhersausen. Örtler nennt man sie, glaub' ich, in Tirol. So hab' ich's, meine ich, mal in einer Novelle von Anzengruber gelesen. Sie haben die schönsten Häuser und Gärten daheim und drücken sich draußen in Hotels herum. Und zufrieden sind sie doch nicht. »Da, wo du nicht bist, da ist dein Glück.«
Es sind unglückliche Naturen.

Friedrich Nietzsche

An Malwida von Meysenbug

Lugano, 13. Mai 1877

Die ganze Reise von Genua nach Mailand machte ich mit einer sehr angenehmen jungen Ballerina eines Mailänder Theaters zusammen; Camilla era molto simpatica, o Sie hätten mein Italienisch hören sollen! Wäre ich ein Pascha gewesen, so hätte ich sie mit nach Pfäfers genommen, wo sie mir, bei der Versagung geistiger Beschäftigungen, etwas hätte vortanzen können. Ich bin immer noch von Zeit zu Zeit ein bißchen ärgerlich über mich, daß ich ihretwegen nicht wenigstens ein paar Tage in Mailand geblieben bin. Nun näherte ich mich der Schweiz und fuhr die erste Strecke auf der Gotthardbahn, welche fertig geworden ist, von Como nach Lugano. Wie bin ich doch nach Lugano gekommen? Ich wollte eigentlich nicht recht, aber ich bin da. Als ich die Schweizer Grenze passierte, unter heftigem Regen, gab es einen einmaligen starken Blitz und Donnerschlag. Ich nahm es als gutes Omen hin, auch will ich nicht verschweigen, daß, je mehr ich mich den Bergen näherte, mein Befinden immer besser wurde. In Chiasso entfernte sich mein Gepäck auf zwei verschiedenen Zügen voneinander, es war eine heillose Verwirrung, dazu noch Dogana. Selbst die beiden Schirme folgten entgegengesetzten Trieben. Da half ein guter Packträger, er sprach das erste Schweizerdeutsch; denken Sie, daß ich es mit einer gewissen Rührung hörte: ich merkte auf einmal, daß ich viel lieber unter Deutschschweizern lebe, als unter Deutschen. Der Mann sorgte so gut für mich, so väterlich lief er hin und her – alle Väter sind etwas Ungeschicktes –, endlich war alles wieder beieinander und ich fuhr nach Lugano weiter. Der Wagen des Hôtel du Parc erwartete mich: und hier entstand in mir ein wahres Jauchzen, so gut ist alles: ich wollte sagen, es ist das beste Hotel der Welt. Ich habe mich etwas mit mecklenburgischem Landadel eingelassen, das ist so eine Art von Deutschen, die mir recht ist; am Abend sah ich einem improvisierten Balle der harmlosesten Art zu; lauter Engländer, alles war so drollig. Hinterdrein schlief ich, zum ersten Male gut und tief; und heute morgen sehe ich alle meine geliebten Berge vor mir, lauter Berge der Erinnerung. Seit acht Tagen hat es hier geregnet. Wie es mit den Alpenpässen steht, will ich heute auf der Post erfahren. Mir kommt auf einmal der Gedanke, daß ich seit Jahren keinen so langen Brief geschrieben, ebenso daß Sie ihn gar nicht lesen werden...

Ihr dankend ergebener Friedrich Nietzsche

Friedrich Hebbel

Ich sah mich von Linz an, wo man zu vieren ins Interieur des k.k. Eilwagens gepackt wird, von lauter menschlichen Karikaturen umgeben, und solch eine Gesellschaft zu genießen, bin ich wie gemacht. Wenn ich mitten in der treibenden und schwellenden Unendlichkeit, der ungeschaffene Welten wie aus den Poren spritzen, solche Käfer herumkriechen sehe, welche in dem ganzen Blumenflor nur ihr Futter erblicken und in dem Meer von Sonnenstrahlen eine unentgeltliche Heizungsanstalt, so ärgere ich mich nicht darüber, sondern es gereicht mir zum Vergnügen, und ich suche mich ebenso klein zu machen wie sie, damit sie ein rechtes Vertrauen zu mir fassen und sich ganz in naturalibus zeigen. Sie alle zu verstehen, mach' ich mich anheischig; sie zu lieben geht über meine Kräfte, wie manche andere christliche Forderung auch. Ich traf unter andern einen Kerl, der einen Mißwachs und ein Hungerjahr wünschte, vermutlich, weil er in Korn spekuliert hatte; war das nicht ein prächtiges Exemplar, das eine Daguerreotypierung von Jean Paul oder seinem Apostel Börne verdient hätte?

Ephraim Kishon

Auslandsreisen

Auslandsreisen sind ein beliebter Zeitvertreib in aller Welt. In Israel ist der Zeitvertreib zur Besessenheit ausgeartet. Das hat viele Gründe. Vor allem ist es in unserem Land sehr heiß, beinahe so heiß wie in New York, Rom, München und London an einem milden Frühlingstag, also unerträglich heiß. Oft hat man das Gefühl, kein Mensch mehr zu sein, sondern eine ausgedörrte Pflaume. Ein israelisches Sprichwort lautet: »Wenn du deinem Paßbild ähnlich zu sehen beginnst, ist es höchste Zeit wegzufahren.«

Polyglott

Sprich keinesfalls die Sprache des Landes, das du besuchst. Warum solltest du den Nachteil haben zu stottern und nach Worten zu suchen? Laß die anderen stottern und nach Worten suchen! Sprich in Paris englisch, in London französisch, in Italien deutsch. In Griechenland sprich nur hebräisch, weil sie dort alle anderen Sprachen kennen.

Anhang

Nachbemerkung

Die vorliegende Zusammenstellung von Texten bringt einerseits aus allen Zeiten aphoristische Aussagen, in denen das Phänomen des Reisens immer wieder von einer neuen Seite her erhellt wird, andererseits aus Geschichte und Gegenwart Höhepunkte bestimmter Reisen, jene Augenblicke, in denen der Reisende das Ziel seiner Wünsche erreicht sieht oder sich auf einem besonders markanten Punkt seiner Wanderschaft befindet. Die diversen Möglichkeiten der Fortbewegung: zu Fuß, zu Pferd, im Schiff, im Fesselballon, in der Eisenbahn, im Zeppelin usw. sind berücksichtigt, ebenso alle Arten des Reisens wie die Bildungsreise, die Entdeckerfahrt, die Vergnügungsreise – und schließlich die Reise auf den Mond oder die Reise in die Vergangenheit.

Die historischen Texte über bestimmte Reisen wurden chronologisch angeordnet. Die Aphorismen hingegen sowie die nicht an Zeit und Ort gebundenen Schilderungen sind nach gedanklichen Zusammenhängen gereiht. Im übrigen war es die Absicht, durch eine ständig wechselnde Perspektive die Darstellung anregend zu gestalten.

Die Orthographie ist (mit Ausnahme des Mozart-Briefes) der modernen Schreibweise vorsichtig angeglichen, jedoch ist bei klassischen Texten, wo z. B. der originale Satzrhythmus erhalten bleiben muß, die ursprüngliche Zeichensetzung belassen.
Lebensdaten von Autoren und Zeitangaben zu den Texten sind nur dann erstellt worden, wenn beim Leser im allgemeinen die Kenntnis der näheren Umstände bzw. der Personennamen nicht vorausgesetzt werden kann und sich nicht von selbst aus der Schilderung ergibt.

Quellennachweis

Für die freundliche Genehmigung zum Abdruck der Texte danken Verlag und Herausgeber den nachstehend angeführten Verlagen und Autoren. Sind von einem Autor mehrere Textstellen aus verschiedenen Werken wiedergegeben, so ist bei dem betreffenden Werk die Seitenzahl beigefügt, die sich auf den vorliegenden Band bezieht. Die Quellenangaben führen nur die zeitgenössischen Autoren und Übersetzer an.

Ätheria von Aquitanien: Pilgerreise der Ätheria nach Jerusalem und den heiligen Stätten. Übersetzt von Hermann Richter. G. D. Baedeker Verlagsbuchhandlung, Essen 1919

Armstrong, Neil / Edwin Aldrin / Michael Collins: Wir waren die Ersten. Verlag Ullstein GmbH, Frankfurt/Berlin 1928

Bergengruen, Werner: Badekur des Herzens. © 1956 by Verlags AG Die Arche, Zürich

Brandt, Rolf: Aus: Dr. Hugo Eckener. Die Amerikareise des »Graf Zeppelin«. Hg. von Rolf Brandt. Verlag Scherl GmbH, Berlin 1928

Buhl, Hermann: Achttausend – drüber und drunter. Nymphenburger Verlagsbuchhandlung, München 1954

Cook, James: Die Weltumsegelungsfahrten des Kapitän Cook. Ein Auszug aus seinen Tagebüchern. Bearbeitet und übersetzt von Edwin Hennig. Gutenberg Verlag, Hamburg 1908

Hamsun, Knut: Im Märchenland. Reisebilder. Übersetzt aus dem Norwegischen von Cläre Greverus Mjöen. Verlag Albert Langen · Georg Müller, München 1979

Javelle, Emile: Bergfahrten. Veröffentlichung der Gesellschaft alpiner Bücherfreunde. Übersetzt von Otto Housselle. München 1938

Johann, A. E.: Das Glück des Reisens. Ein Leben unterwegs. Verlag Albert Langen · Georg Müller, München 1982

Kästner, Erhart: Die Stundentrommel. Vom heiligen Berg Athos. © by Insel Verlag, Frankfurt am Main 1956

Kazantzakis, Nikos: Im Zauber der griechischen Landschaft. Texte ausgewählt, übertragen und herausgegeben von Isidora Rosenthal-Kamarinea. F. A. Herbig Verlagsbuchhandlung GmbH, München 1988

Kishon, Ephraim: Kishon für alle Fälle. 327 unbrauchbare Lebensweisheiten. Verlag Albert Langen • Georg Müller, München o. J. (S.150). – Kishon für Kenner. ABC der Heiterkeit. Verlag Ullstein GmbH, Berlin 1980 (S. 123, 149). – Kishons beste Reisegeschichten. F. A. Herbig Verlagsbuchhandlung GmbH, München 1981 (S. 24)

Kolumbus, Christoph: Bordbuch. Aufzeichnungen seiner ersten Entdeckungsfahrt nach Amerika 1492–93. Übersetzt von Anton Zahorsky, Zürich 1941

Messner, Reinhold: Alle meine Gipfel. 1982 (S. 105f.). – Mein großes Himalaya-Jahr. 1983 (103 unten, ff.). – Meine Dolomiten. 1988 (S. 10, 56, 93, 103 oben). – Wettlauf zum Gipfel. 1986 (S. 14). Alle: München, F. A. Herbig Verlagsbuchhandlung GmbH

Proust, Marcel: Tage der Freuden. Übertragen von Ernst Weiss. Ullstein Verlag GmbH, Berlin o. J. Propyläen-Verlag

Ringelnatz, Joachim: Das Gesamtwerk in 7 Bänden. Gedichte. Hg. von Walter Pape. Berlin 1982–1984. Henssel Verlag, Berlin

Walz, Werner: Die Mantis. Kohlhammer Verlag, Stuttgart 1948. Mit freundlicher Genehmigung des Autors

Inhalt

Begegnung mit dem Wunderbaren

Sternstunden

Bilder aus Eden

Reiseidyllen und -grotesken

Anhang